KB133517

"단 하루의 할 일을 의미 있게 조직하는 능력에 비하면
인생에서 다른 모든 일들은 어린애 장난이다."

요한 볼프강 폰 괴테

독일 사람들의
시간관리법

DAS 1X1 DES ZEITMANAGEMENT BY LOTHAR SEIWERT

단순하고 합리적인 미니멀 라이프, 시간관리부터 시작하라!

로타르 J. 자이베르트 지음 / 송소민 옮김

중앙books

친애하는 한국 독자들에게 드리는 글

얼마 전 TV에서 '50년 동안 엄청난 경제개혁을 이룩한 대한민국'에 대한 다큐멘터리를 보았습니다. 농업국가에서 세계 최대 무역국가 중 하나가 되었다는 사실은 인상 깊은 성취이며 깊은 존경심을 표합니다.

그러한 성공의 역사는 당연하게도 그 안에서 애쓰는 사람들에게 나날이 '시간 투입'을 요구했을 겁니다. 왜냐하면 추월선에서 달리는 삶은 대부분 성취에 대한 압박, 긴 업무 시간, 빡빡한 일정으로 인한 스트레스로 점철되어 있기 때문입니다. 이때 사무실, 지하철 안, 카페, 집, 도처에서 일하는 사람들의 모습을 볼 수 있습니다. 하지만 아무리 우리가 의지가 강하고 잘 훈련되었다고 해도 하루는 절대로 24시간 이상일 수 없습니다. 때문에 효율적인 시간관리에 성공하는 비밀은 더 빨리 또는 더 많이 일하는 것이 아니라 똑똑하게 일하는 것에 있습니다. 어떻게 하면 현명하게 일을 처리할 수 있는지, 이 책에서 알려드리겠습니다. 이 책은 백만 부 이상 판매된 롱셀러로서 30년(!) 넘게 평판이 입증되었고 계속해서 업데이트 및 개편을 거듭하고 있습니다. 그리고 지금 당신은 최신판 중의 최신판을 손에 들고 있습니다. 축하합니다!

나는 독일을 베이스로 전 세계에서 활동하는 시간관리 전문가입니다. 수십년 간의 경험을 바탕으로 이 책에서 제공하는 방법과 전략은 비단 업무 생산성만 높여주는 것이 아닙니다. 일과 인생에 있어 최고의 균형도 잡을 수 있습니다. 매일매일, 시간관리의 대가가 되십시오. 당신이 어떤 일에 종사하든 그것은 전혀 상관없습니다.

행복하고 성공적인 '시간'을 기원합니다!

진심을 담아,
로타르 자이베르트 박사

목차

'잃어버린 시간을 찾아서'

STEP 1 _ 시간관리 진단하기

'세 가지 키워드: 목표, 계획, 우선순위'

STEP 2 _ 시간관리 설계하기

'나만의 시간을 확보하는 전략'

STEP 3 _ 시간관리 솔루션(1)

'새로운 습관이 가져다주는 치유의 시간'

STEP 4 _ 시간관리 솔루션(2)

'시간을 관리한다는 것'은
자신의 업무와 시간에 휘둘리지 않고,
그것을 지배한다는 뜻이다.

시간을 지금보다 더 잘 활용한다면, 당신은 다음의 두 가지를 동시에 얻을 수 있다.

- 업무 성과와 능률이 오르고, 자연스레 수입도 늘어난다. 역시 시간은 곧 돈이다.

- 업무를 제외한 다른 중요한 일, 예컨대 휴가, 가족, 친구, 건강을 위해 쓸 시간을 더 많이 얻게 된다. 왜냐하면 시간은 곧 삶이기 때문이다.

당신의 성공을 위한 시간

독일연방 직업교육 연구소와 노동안전 연구소에서 실시한 직장인 대상 설문 조사에서 나온 결과를 보자. "노동조건에 의한 심리적 압박을 의미하는 수많은 징후들은 최근 5년간 증가하지는 않았으나 예전과 다름없이 높은 수준을 유지하고 있다." 특히 "다양한 업무의 동시 처리, 극심한 일정 압박 및 업무성과 압박, 지속적으로 반복되는 업무과정, 업무방해와 중단, 또한 매우 빠른 업무처리 강요"와 같은 문제들이 수많은 직장인들에게 과중한 부담을 주고 있는 것이다.

이 '스트레스 보고서'가 내놓은 결과는, 업무 일상의 복잡한 요구들에 전략적으로 접근하는 것이 얼마나 중요한지를 보여준다. 우리 모두 경험으로 알고 있듯이 분명한 목표, 계획, 우선순위 등을 염두에 두지 않았을 때 대부분의 에너지와 시간은 헛되이 소모되고 만다. 당신이 어떤 일을 하든지 최상의 시간 관리를 할 수 있다면 더 적게 일하고 더 많은 것을 이루게 될 것이다.

우리의 시간에도 당장 적용시켜 봐야 할 것들!
효율적인 시간관리는 정교한 기술과 까다로운 방법에 달린 문제가 아니다. 올바른 관점과 일관적인 태도 또한 중요하다. 물론 최소한의 자제력, 동기부여, 열정이 없으면 불가능한 일이다. 이 모든 요소들을 당신이 스스로 일상에 스며들게 만들어야 한다. 그것도 매일! 이제 총 4장에 걸친 구체적인 방법을 함께 살펴보자.

좋은 '시간' 보내시기를!

로타르 자이베르트
www.Lothar-Seiwert.de

'잃어버린 시간을 찾아서'

STEP 1 _ 시간관리 진단하기

시간을 '내라'

시간은 우리가 가진 가장 가치 있는 자산이다. '시간'이라는 단어는 독일어에서 가장 많이 사용되는 명사이기도 하다. 여러 특성상 돈보다도 더 큰 가치를 지니므로 우리는 이 시간이라는 재산을 아주 신중하게 지출해야 한다. 인생에서 가장 중요한 과제는 우리에게 주어진 한정된 시간을 가지고 가능한 많은 것을 이루는 것이다. 그렇다고 해서 하루, 시간, 분 단위에 보다 더 빡빡한 'To Do List'를 넣으라는 뜻은 아니다. 오히려 그 반대로 우리의 시간을 더 중요한 것, 예를 들면 삶의 아름다운 부분을 발견하고 느끼는 일, 여가가 있는 하루, 미래에 대한 꿈과 같은 일에 의식적이고 집중적으로 써보자는 뜻이다.

시간은 '가치 자산'이다
→ 시간은 절대적으로 부족한 재산이다.
→ 시간은 사고팔 수 없다.
→ 시간은 지불할 수 없다.
→ 시간은 상대적이다.
→ 시간은 절약하거나 저장해둘 수 없다.
→ 시간은 임의로 늘어나게 할 수 없다.
→ 시간은 지속적으로 줄어들며 되돌릴 수 없다.
→ 시간은 곧 인생이다.

시간이라는 제한된 자산은 그 값을 매길 수 없어 더욱 귀하다. 평균 기대수명이 높아지면서 한 사람 당 가용 시간은 최대 20만 시간이 늘어나기도 했다.
그러나 개인적인 '시간 계산'은 실제 시간과 주관적으로 느끼는 시간의 차이로 인해 계산하기 어렵다. 예컨대 휴가를 보낼 때는 2주가 쏜살같이 지나가 버린다. 또한 흥미진진해서 완전히 몰입하게 되는 행위를 할 때에는 시간 감각을 완전히 상실한다. 이런 상태를 '플로우flow'라고 일컫는데, 이는 심리학 교수 미하이 칙센트미하이가 만든 개념이다. 칙센트미하이 교수는 주변의 모든 것을 잊어버리게 만드는 행복한 체험을 플로우라고 칭했다. 바로 그 시간, 즉 매우 빨리 지나가버리는 시간을 특별히 값지고 충만한 시간으로 인식하게 된다는 것이다.
반대로, 치과 대기실에 앉아 있거나 근무가 끝나고 전철을 기다리는 20분은 한없이 길게 늘어진다. 이때는 아예 '버리는 시간'처럼 생각하게 되지 않던가.
시간은 한정되어 있고, 그래서 부족한 재산임에도 불구하고 정작 많은 사람들은 시간을 아껴 쓰지 못한다. 에너지와 시간이 대부분 헛되이 소모된다. 왜냐하면 뚜렷한 목표, 계획, 우선순위, 전망이 결여되었기 때문이다. 하지만 이 책에서라면, 누구나 '스스로 시작하는 순간'을 만날 수 있다.

TIP ══════════════════

카르페 디엠 Carpe diem — 현재를 즐겨라!

시간이 잽싸게 지나가든, 한없이 느릿느릿 지나가든, 아무튼 우리는 시간을 붙잡아둘 수 없다. 시간을 모아둘 수도 없다. 하지만 시간을 허비하는 대신 가치 있게 쓸 수는 있다.
늘 기억하자. 바로 오늘, 당신에게 남은 인생의 첫날이 시작한다는 것을!

스스로 현재 상태를 점검해보자

아래 문장들이 제시하는 상황 중 당신과 가깝게 생각되는 항목에 체크하고, '그렇다'에 표시한 문항의 1점을 모두 더해보자.

그렇지 않다 = 0
그렇다 = 1

나 역시 수많은 직장인들처럼 촉박한 시간과 과도한 업무에 시달린다. `0` `1`

자주 스트레스를 받는다. 또한 수많은 업무를 동시에 처리해야 할 때가 많다. 무거운 책임감, 엄청난 업무량, 빈번한 기한 압박, 각종 과제들, 그밖에 이런저런 요구사항들로 인해 시간적 압박과 스트레스에 시달린다. `0` `1`

능동적으로 일하는 게 아니라 시키는 일을 억지로 할 때가 많다. 그럴 때는 스스로 행동하는 게 아니라 반응하기에 급급하다. 24시간 내내 고객, 상사, 동료, 전화, 수많은 잡무에 혹사당하면서 나는 정신없이 서두른다. `0` `1`

내가 실제로 해야 할 본 업무는 근무시간 이후에 처리할 때가 잦다. 하루 종일 본 업무를 처리할 상황이 되지 않는다. 수많은 방해거리가 생기는 데다 부차적인 업무를 처리하느라 시간을 다 소비하기 때문이다. `0` `1`

일과 여가시간 사이에 끊임없는 불협화음이 발생한다. 직장과 초과근무에 시간을 쓰느라 가족이나 친구들과 함께할 시간을 내지 못한다. `0` `1`

내 합산 점수는

평가
0~1점 시간과 관련해 당신에게는 특별한 문제가 없다.
2~3점 당신은 늘 바쁜 사람들의 평균치에 속한다.
4~5점 당신은 영락없는 일중독자이며 앞으로 심각한 위기 상황을 겪게 될 것이다.

시간을 '지배하라'

성공적인 시간관리의 비결은 '잊지 않는 것'이다. 시간관리란 자신의 시간과 일에 지배당하는 게 아니라 지배하는 것을 의미한다.

서문에서 언급한 독일연방 직업교육 연구소와 노동안전 연구소의 '스트레스 보고서'에서는 또 다른 결과도 내놓았다. "빡빡한 스케줄 안에 업무 성과와 속도를 모두 높여야 한다는, 가장 흔한 두 가지 요구가 개인의 심리적 부담을 증가시키고 있다."

당신의 금쪽같은 시간 자산

절대로 끝나지 않을 것 같은 일더미, 끔찍할 정도로 긴 입무 리스트, 편안하게 점심 먹을 시간조차 없어 책상에 앉아 대충 씹어 삼키는 빵조각, 끝내지 못한 일들에 떠밀려 하게 되는 야근과 주말 특근. 혹시 지금 나열한 것들이 너무도 친숙한가? 늘 허덕거리며 시간을 뒤쫓아 가기만 하고 한 번도 따라잡은 적이 없는가? 당신과 더불어 가족까지 스케줄의 노예로 전락하고 있는가? 그렇다면 지금이 바로 전세를 역전할 절호의 기회다.

성공한 사람들에게는 한 가지 공통점이 있다. 바로 그들의 인생에서 언젠가 한 번은 가만히 앉아 자신의 소중한 시간 자산을 어떻게 잘 써먹을 것인지 철저히 심사숙고하는 시기가 있었다는 점이다. 스스로 성공적인 삶을 이끌어 가려면 심사숙고 끝에 확립된 시간 및 인생관이 뒷받침되어야 한다. 다시 말해 우리가 쓸 수 있는 시간을 의식적으로 할애해야만 비로소 일상 속에서 해야만 하는 과제들을 원활하게 수행할 수 있고, 개인적인 만족과 발전도 이룰 수 있다.

TIP

이런 시간을 갖는다면…

공부하는 시간을 내라, 그것이 성공을 위해 치르는 값이다.

깊이 생각하는 시간을 내라, 그것이 힘의 원천이다.

놀기 위한 시간을 내라, 그것이 젊음의 비법이다.

책 읽는 시간을 내라, 그것이 지식의 기반이다.

다정해지기 위한 시간을 내라, 그것이 행복으로 향하는 문이다.

꿈꾸는 시간을 내라, 그것이 별에게 향하는 길이다.

사랑하고 사랑받는 시간을 내라, 그것이 삶의 진정한 기쁨이다.

기뻐하는 시간을 내라, 그것이 영혼의 음악이다.

즐기는 시간을 내라, 그것이 당신의 행위에 대한 보상이다.

계획을 세우는 시간을 내라, 그러면 위의 아홉 가지를 행하는 시간을 얻게 될 것이다.

– 아일랜드 격언

시간을 어떻게 쓸 것인가?

1. 내 인생에서 한 시간은 나에게 얼마만큼의 가치를 가지는가?

2. 시간 재산은 제한되어 있다. 그런데 나는 시간을 돈 쓸 때처럼 매우 신중하게 쓰는가?

3. 나는 무엇에 지나치게 많은 시간을 쓰고 있으며, 어디에 더 많은 시간을 투자해야 하는가?

4. 시간을 더 잘 활용하기 위해 나는 오늘부터 무엇을 할 것인가?

5. 나의 약속: 나는 지금부터 당장 ……을(를) 할 시간을 낼 것이다.

'시간도둑'을 잡아라

우리가 기대하거나 계획한 대로 일이 진행되지 않을 때, 그 이유는 중간중간 계속해서 방해를 받았기 때문인 경우가 많다. 다른 경우에는 주변 탓을 할 수도 있겠지만, 이런 경우는 자기 자신의 탓일 때가 많다. 방해를 받는 순간들은 그때마다 '아주 잠깐'에 지나지 않지만 그 잠깐이 하루 종일 쌓인다면 우리의 시간 예산은 금세 마이너스가 되고 만다.

대표적인 방해꾼은 바로 '이메일 홍수'다. 이메일을 활용하는 것은 좋다. 하지만 이메일이 또 하나의 시간도둑이 되게 하지는 말자.

'이메일 홍수'를 막으려면

→ 누군가에게 내용 공유 차원에서 '참조'를 걸어 메일을 쓸 때는 신중하게 고민하자. 이제 당신이 '이메일 홍수 방지'에 앞장서는 것이다.

→ 일정한 시간을 정해놓고 '받은 편지함'을 열어보자. 가령 하루 두 번 한 시간씩, 또는 하루 세 번 40분씩, 또는 하루 네 번 30분씩, 자신에게 알맞게 정한다. 그 사이에 들어오는 이메일들은 모두 모았다가 한꺼번에 열어보도록 한다. 그러면 집중하던 일을 번번이 중단하지 않을 수 있다. 정해놓은 시간이 되면 다음 중 어떤 경우에 해당하는 메일인지 선별한 뒤 알맞게 대응한다.

• 특히 중요하고 급한 메일은 즉시 대응한다. 마찬가지로 빨리 처리해버릴 수 있는 메일에도 답한다. 여기에는 '2분 법칙'을 적용시키자. 메일 한 통마다 2분보다 더 많지도 적지도 않게, 2분을 충분히 활용하는 것이다.

• 되묻는 질문이 없도록 가능한 짧고 명료하게 메일을 작성한다. 받은 메일에서 관련된 내용을 인용함으로써 오해의 소지를 예방한다.

• 메일을 나중에 볼 처리 건으로 보관하고 싶으면 폴더를 따로 분류해두자. 검토하는 데 오랜 시간이 걸리는 메일도 여기에 해당한다. 각각 처리해야 할 일정을 체크해두고, 분류한 메일에 대해서는 그만 신경을 끈다.

→ '받은 편지함'은 정기적으로 비운다. 각 메일에 대해서는 즉시 답장을 보낼지, 보관 폴더에 넣을지, 삭제할지를 결정한다.

→ '필터' 기능을 사용한다. '작성 중'이라거나 '월 단위로 체크' 등등, 특정한 기준과 우선순위에 따라 메일 목록이 정렬되도록 설정하자.

→ '닉네임'을 활용한다. 수신자 그룹을 분류하여 한 번에 이메일을 보낼 수 있다.

물론 우리는 디지털 스트레스에 대해서는 관대한 편이므로, 일정한 한계를 긋는 것이 쉽지만은 않다. 하지만 한계를 그으면 얼마나 홀가분한지 곧바로 알게 될 것이다.

TIP

"아니오"가 당신을 도와줄 것이다

속 편하게 더 자주 "아니오"라고 말하라!

(더 많은 정보는 69쪽 참조)

당신의 업무 상황을 진단해보자

**당신의 업무 방식과 방해 요소를 점검하기 위해서,
각 항목마다 체크해보자.**

항상 그렇다 = 0
자주 그렇다 = 1
가끔 그렇다 = 2
거의 그렇지 않다 = 3

1. 나는 전화 때문에 항상 방해를 받는다. 그리고 통화가 대부분 쓸데없이 길다.　　[0] [1] [2] [3]

2. 가족을 포함해 외부에서 찾아오는 수많은 방문객들 때문에 종종 본 업무에 집중하지 못한다.　　[0] [1] [2] [3]

3. 회의 시간이 너무 오래 늘어지는 경우가 빈번하다. 그리고 회의 결과가 내 입장에서는 만족스럽지 않을 때가 많다.　　[0] [1] [2] [3]

4. 일의 규모가 크고 시간을 집중적으로 들여야 해서 떠맡기 싫었던 업무는 대부분 미룰 수 있을 때까지 미룬다. 또는 그런 업무들을 마무리하는 데 큰 난항을 겪기 때문에 늘 마음이 편치 않다. ("미루는 병")　　[0] [1] [2] [3]

5. 뚜렷한 우선순위가 없을 때가 많다. 때문에 많은 업무를 한꺼번에 처리하려고 애쓴다. 또 잡무를 너무 많이 보느라 가장 중요한 업무에 집중할 시간이 너무 적다.　　[0] [1] [2] [3]

6. 업무 일정과 마감기한을 촉박한 시간에 쫓기면서 겨우겨우 진행할 때가 빈번하다. 왜냐하면 항상 예상치 못한 일이 중간에 끼어들거나 내가 너무 많은 일정을 잡아놓았기 때문이다.　　[0] [1] [2] [3]

7. 책상 위에 너무 많은 서류 및 우편물이 쌓여 있다. 메일과 서류 주고받기에 너무 많은 시간이 들어간다. 내 책상은 깨끗하게 정돈된 상태라고 보기 어렵다.　　[0] [1] [2] [3]

8. 다른 직원들과의 의사소통이 부족한 경우가 많다. 때늦은 정보 교환, 오해, 심지어 불화가 우리들의 일상이다.

[0] [1] [2] [3]

9. 업무 분담이 제대로 이루어지는 경우가 거의 없다. 때문에 다른 직원들도 할 수 있었을 업무를 내가 처리해야 하는 경우가 빈번하다.

[0] [1] [2] [3]

10. 다른 사람이 나에게 뭔가 요구하면 사실 내 일을 처리하기도 바쁜데 "아니오"라고 거절하기 어렵다.

[0] [1] [2] [3]

11. 내 인생 설계에서 업무 또는 개인적 영역의 뚜렷한 목표설정이 결여되어 있다. 때문에 종종 하루 종일 하는 일에서 의미를 찾을 수 없을 때가 많다.

[0] [1] [2] [3]

12. 때로는 하고자 하는 일을 끝까지 관철하기 위해 반드시 필요한 의지가 내게는 부족하다.

[0] [1] [2] [3]

해당란에 표시한 숫자를 합산하세요.
그리고 합산된 점수를 오른쪽에 기입하세요.

나의 합산 점수는

진단

0~17점 당신은 '시간 계획'이라는 것을 세울 줄 모르는 사람이다. 타인이 당신에게 시키거나 타인이 결정하는 대로 따르고 만다. 당신은 자신도 타인도 제대로 통솔하지 못한다. 당장 시간관리를 시작해야만 새롭고 성공적인 인생을 끌어갈 수 있다.

18~24점 당신은 시간을 관리하려는 시도를 하지만 지속적인 성과를 얻기 위한 일관성이 부족하다.

25~30점 당신의 시간관리는 비교적 훌륭하다. 하지만 한층 더 개선할 여지가 있다.

31~36점 축하합니다! (스스로에게 정말 정직하게 대답했다면!) 당신은 시간관리를 배우고 싶어 하는 사람들의 모범이다. 유익한 당신의 경험을 다른 사람들과 함께 나눠야 한다. 그때 이 책 『독일 사람들의 시간관리법』도 다른 사람에게 줘버리자.

쉽고 효과적인 '마인드맵' 전략

시간을 필요로 하는 일상의 다양한 요구들을 한눈에 들어오게 정리해보고 싶다면 '마인드맵', 즉 '생각 지도'의 도움을 받아보자. 마인드맵은 문제해결에 필요한 키워드를 이미지화하여 하나의 시스템을 구축해낸 것이다. 이 종합적 방법은 언어 및 그림으로 표현한 사고의 여러 가지 가능성을 연결하고, 우뇌와 좌뇌 모두의 창의적 활동을 촉진한다.

이보다 더 좋을 수 없는 '전체 보기'

토니 부잔이 개발한 '마인드매핑(마인드맵 만들기)' 기법을 효율적으로 사용하면 한눈에 볼 수 있는 그림과 메모를 구성하게 된다. 그러므로 목표지향 사고, 아이디어 발견, 문제 해결을 빠르게 할수 있게 된다. 즉흥적으로 떠오르는 생각을 종이에 이미지로 표현하는 행위는 뇌의 좌반구와 우반구를 연결해서 뇌의 잠재성을 전체적으로 활용한다. 좌뇌가 분석적 사고, 논리와 구조, 숫자와 개념을 관할한다면 우뇌는 상상과 직관, 종합적인 계획과 사고에 관여하는 두뇌 영역이다. 양쪽 두뇌의 협업은 우리로 하여금 탁월한 사고를 이끌어낸다.

마인드매핑은 아주 쉽고 간단한 과정이다. 먼저 핵심 주제를 종이 한가운데에 적거나 그린다. 그런 다음 핵심 주제와 관련된 하위 주제의 키워드들을 주변에 쓴 뒤 핵심 주제와 연결되도록 가지를 친다. 이때 각 하위 주제 키워드들은 다시금 또 다른 가지치기의 출발점이 된다. 다양한 컬러를 활용하면서 자유롭게, 즉흥적으로 일어나는 연상들을 시각화하면 더욱 좋다.

어떤 주제에든 적용 가능하다

'휴가'라는 개념으로 마인드맵을 만들어보자. 백지를 두고 중앙에 '휴가'라는 단어를 적는다. 그러고 나서 목적지, 숙소, 준비할 것, 동반자 등 마구잡이로 떠오르는 연관 단어들을 '휴가' 주위에 모두 적은 뒤 선을 그어 중앙과 연결한다. 그다음 '준비할 것'에서는 다시 예약, 짐 꾸리기, 쇼핑… 등의 가지가 뻗어난다.

이런 식으로 당신의 소망과 욕구, 해야 할 일, 그리고 발생 가능한 문제 및 해결책을 반영하는 그림들이 하나씩 생겨난다. 마인드맵은 사실 결코 끝나지 않는다. 당신의 목표 개선과 발전을 위해 고민이 있을 때마다 이 기법을 활용하자.

'시간'에 대한 마인드맵을 참고하자

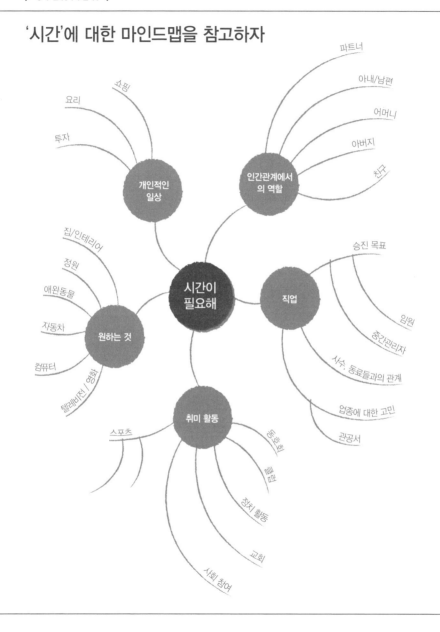

시간을 쓰고 싶은 곳은 많지만 '시간 없음'

우리는 누구나 다양한 인생 영역에서 성취하고 싶거나 해야만 하는 역할과 행동이 요구되는 관계망에 속해 있다. 예를 들어 당신은 직장에서 경영자이며, 아이디어 기획자이기도 하고, 직원임과 동시에 동료이며, 프로젝트 책임자의 역할을 맡고 있다. 한편 사적인 영역에서는 아버지이거나 어머니일 수 있고, 아들이나 딸, 친구나 애인, 학부형, 임대인, 이웃의 역할을 동시에 하고 있을 것이다.

> "인생이 한 편의 연극 무대라고 생각한다면,
> 반드시 너에게 가장 즐거운 역할을 찾아라."
>
> **윌리엄 셰익스피어, 영국 극작가**

우리가 일상에서 겪는 '시간 문제'는 대부분 너무 많은 역할을 한꺼번에 해내려고 할 때 생겨난다. 그러다 보면 많은 곳에서 단역만 맡게 될 뿐 절대로 주인공은 맡을 수 없게 된다. 물론 부모라든지 조직의 리더처럼, 어떤 경우에도 결코 놓아버릴 수 없는 역할도 있지만, 상대적으로 덜 중요하고 환영받지 못하는 대부분의 역할들은 의무감에서, 혹은 자신을 대체할 인력이 없다는 생각에 마지못해 수행하게 된다.

이때 출구는 단 하나. 목표 달성에 별 도움이 되지 않는 부수적인 역할들에서는 손을 떼자. 그리고 당신이 가장 중요하다고 생각하거나 가장 좋아하는 역할에 집중하자. 물론 그러기가 쉽지는 않을 것이다. 곰곰이 생각해보자. 혹시 스포츠 동호회에서 맡은 역할을 포기할 수는 없을까? 주말마다 갖는 지인들과의 술자리를 단념할 수는 없을까? 그렇다면 어떻게 해야 할까?

→ 4가지 주요 일상 영역(건강관리, 재정관리, 인간관계, 삶의 의미)중 얼마나 많은 역할에 충실하게 부응하고 있는지 제대로 살펴보자.

→ 가장 만족스럽게 부응하고 있는 역할 최대 7가지만 남겨두고 나머지 역할들을 줄여보자. 다음과 같은 질문들이 결정에 도움이 될 것이다.
  • 내가 이 역할을 내려놓으면 어떤 일이 벌어질까?
  • 이 역할은 나 스스로 찾아서 한 것인가, 아니면 누가 떠맡긴 것인가?
  • 내가 인생에서 가장 중요하게 생각하는 7가지 역할은 무엇인가?

TIP

무엇에 달린 문제인가?

여유롭고 효율적인 생활 방식의 비결은 '중요한 것에만 집중하기'다.

당신의 개인적인 시간을 위한 마인드맵

당신의 시간을 쏟아붓게 하는 관계와 의무의 그물망을 스케치해보자.

→ 시간사용의 우선순위가 어디에 놓여 있는가?
→ 가장 바꾸고 싶은 것은 무엇인가?

가장 빈도 높게 출몰하는 시간도둑도 마인드맵에 그려 넣어보자.
형광펜으로 강조해보는 것도 좋을 것이다.

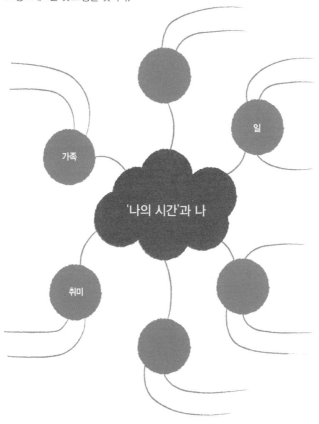

방해 요소들을 잡아내자

1. 2시간 방해받았을 때 내가 치르게 되는 대가는?

2. 누가 혹은 무엇이 내게서 시간을 훔쳐가고 있나?

3. 업무의 흐름을 끊는 방해 요소가 치고 들어올 때 나는 어떻게 반응하고 있나?

4. 고질적인 시간도둑을 잡기 위해 나는 오늘부터 무엇을 해야 할까?

	시간도둑	근본 원인	대책
1			
2			
3			
4			

"인생을 사랑하는가?
그렇다면 단 한순간도
시간을 낭비하지 말라.
인생은 곧 시간으로 이루어져 있으므로."

_벤자민 프랭클린, 미국의 정치인

- 인생에서 가장 중요한 과제는 우리에게 부여된 시간을 가지고 가능한 많은 것을 이뤄내는 것이다. 그렇다고 해서 하루, 시간, 분에 보다 더 많은 활동을 집어넣으라는 말은 아니다. 반대로 우리에게 중요한 것을 위해 우리 생애의 시간을 보다 집중적이고 의식적으로 사용하자는 뜻이다.

- 크게 성공한 사람들에게는 한 가지 공통점이 있다. 그들 인생에서 꼭 한번은 잠잠히 앉아 각자의 시간자산을 어떻게 쓸모 있게 사용할 것인지 근본적으로 심사숙고하는 시기가 있었다는 것이다.

- 우리는 디지털 스트레스에 대해서는 관대한 편이고, 일정한 선을 긋는 것도 늘 쉽지만은 않다. 하지만 선을 그어 버리면 얼마나 홀가분한지, 그리고 얼마나 많은 여분의 시간을 만들어내 쓸 수 있는지 곧바로 알게 될 것이다.

'세 가지 키워드: 목표, 계획, 우선순위'

STEP **2** _ 시간관리 설계하기

'동기 부여'가 되는 목표를 세우자

목표는 모든 행위를 측정하는 기준점이 되어준다. 목표는 당신이 '어떤 일을 왜 하는지, 어디쯤에서 목표를 달성했다고 여길 수 있는지'를 생각하게 한다. 목표가 없으면 아무리 좋은 일정과 업무방법론도 무용지물이다. 왜냐하면 사전에 목표를 분명하게 설정해놓지 않으면 모든 행위의 끝이 불분명한 상태로 남기 때문이다.

> 중요한 것은 당신이
> '무슨 일을 하느냐'가 아니라,
> '무슨 목적을 가지고 왜 그 일을 하느냐'다.

목표를 뚜렷하고 분명하게 설정하는 사람만이 분주한 일상을 보내면서도 눈앞에 닥친 '미션 클리어'에 휘말리지 않고 전체 흐름을 고려할 수 있다. 또한 목표가 있어야 업무 부담이 아무리 크다 해도 우선순위를 제대로 따질 줄 알게 된다. 우선순위를 정할 줄 알아야 자신이 원하는 것을 빠르고 확실하게 성취하기 위해 탁월한 몰입도를 발휘할 수 있다. 이것은 직장생활뿐 아니라 다른 모든 여가시간에 있어서도 마찬가지다.

명확한 초점이 목표 달성을 부른다
당신이 이루려는 것이 뭔지 정확히 알고 추구할 때는 무의식적인 능력까지도 발휘된다. 그리하여 동기가 부여된 마음은 스스로 자제력을 상승시킨다. 즉 가장 중요한 것에만 집중적으로 에너지를 쏟게 되는 것이다.

명확한 목표의 장점
→ 목표는 중요한 주제와 임무에만 초점을 맞추게 한다.
→ 목표는 당신에게 진짜 중요한 일을 하게 만든다.
→ 목표는 귀중한 시간을 의미 있게 사용하게 한다.
→ 목표는 일정한 방향성과 관점을 유지하게 한다.

'사는 대로 생각하는 것'이 아니라 '생각한 대로 사는 것'을 지키고 싶다면 업무와 개인적인 시간 모두에 있어서 깊은 고민 끝에 나온 인생 계획이 뒷받침되어야 한다. 그래야만 시간이 많이 지나고 돌이켜봐도 '지금 하는 일'이 '미래의 내가 만족하는 일'과 만날 수 있다. 끊임없이 목표를 설정해가는 과정은 분명하고 실천 가능한 네 단계를 통해서 완성된다. 아래 도표를 참고해보자.

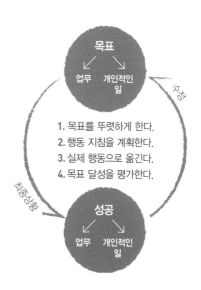

1. 목표를 뚜렷하게 한다.
2. 행동 지침을 계획한다.
3. 실제 행동으로 옮긴다.
4. 목표 달성을 평가한다.

미래를 생각해보기

누구나 언뜻 이루고 싶은 비전이나 로망을 가져보곤 한다.
그것을 흘려버리지 말고 분명한 인생의 목표로 잡아둬야 이룰 수 있다.
→ 당신이 인생에서 앞으로 성취하고 싶은 것들 중 가장 중요한 다섯 가지를 기록해보자.

내 인생의 다섯 가지 목표

가장 중요한 다섯 가지 꿈을 문장으로 기록하는 것이다. "나는 10년 안에 나만의 책을 출간한다", "나는 1년 뒤 연봉을 10% 인상시킨다"와 같이 구체적이고 긍정적인 문장으로 쓰자.

1.

2.

3.

4.

5.

원한 바를 이뤄낸 사람들은 목표를 구체적으로 생각한다. 이제는 위에 써본 인생의 목표를 이루기 위해서 시간을 어떻게 쓸 것인지 생각할 차례다. 업무나 사생활 면에서 설정한 목표들은 그것을 달성할 시간의 범위를 정해야만 의미가 있다. 위의 문장들에 각각 이루고 싶은 시점까지 써두자.

명확한 목표는 기록해야만 한다

시점까지 적었다면 업무적인 것과 사생활을 나누어 좀 더 구체적인 목표를 기록해보자. (28/29쪽) 목표는 머릿속에만 있을 때보다 글로 기록했을 때 그 방향이 정확해진다.

목표-수단-분석

목표를 이루기 위해서 필요한 요건을 갖추고 싶다면 먼저 스스로의 장점과 부족한 점을 파악하자. 가장 성공적이었던 경험과 즐거웠던 기억, 그리고 실패나 패배라고 생각했던 상황을 떠올려보는 것이 도움을 줄 것이다. 그러고 나서 그 모든 기억들을 글로 표현해봐야 한다.

데카르트의 '소시지 전략'

계획과 일정관리를 현명하게 하는 비결은 '소시지 전략'에 있다. 큰 목표와 계획들이 작은 조각, 정확히 말해 작은 행동으로 나뉘는 것이다. 이 방법은 1637년에 이미 철학자 데카르트가 고안한 것으로, 오늘날에도 여전히 활용 가능하다. 예를 들면 다음과 같다.

❶ 당신의 목표가 '앞으로 규칙적인 운동을 하겠다'라면, 먼저 이 계획을 가능한 자세히 써본다. 어떤 종류의 운동에 흥미가 있고, 운동을 통해 얻으려는 것은 무엇인지 말이다. 예컨대 '몸무게를 얼마만큼 줄인다(원하는 몸무게를 정확하게 기입)', '척추 근육을 강화시킨다', '심혈관 순환을 원활하게 만든다', '신선한 공기 속에서 운동하여 스트레스를 푼다' 등이 있다.

❷ 2단계에서는 당신이 운동을 할 때 실제로 행할 지침들을 써본다. 스포츠센터 찾기, 일주일에 두 번 조깅하기, 스포츠 동호회에 들어가거나 개인 트레이너 구하기 등등.

❸ 3단계에서는 세부 사항들에 우선순위를 매겨 순서를 정한다. 제일 먼저 운동 종류를 선택하고, 그다음으로 스포츠센터나 동호회선택, 이어 적합한 운동화나 장비 구입을 선택한다. 이 세부사항들을 언제까지 처리할 것인지 정확한 시간을 기록한다.

❹ 마지막으로 트레이닝 계획표, 체중계, 맥박 측정기 등을 가지고 실제 행동을 시작한다. 실행 후 첫 주가 지나면 긍정적인 효과가 나타날 것이다.

> "제대로 써내려 갈 수 없는 것은
> 판단할 수도 없다.""
> **르네 데카르트, 프랑스의 철학자**

TIP

데카르트에 의한 합리적 작업

- 문제(목표, 프로젝트)를 글로 작성한다.
- 전체 목표를 각각의 작은 부분으로 나눈다.
- 작게 나눈 목표를 우선순위와 일정에 맞춰 순서를 정한다.
- 모든 행위를 마치고 결과를 검사한다.

나의 커리어 목표

커리어에 있어서 어떤 목표(경력, 직장, 직급, 내년 목표 등)에 도달하고자 하는가?

장기(최종 목표)	목표 달성을 위해 할 일	종료 시점

중기(5년)	목표 달성을 위해 할 일	종료 시점

단기(1년)	목표 달성을 위해 할 일	종료 시점

나의 사생활 목표

개인적인 생활에서 어떤 목표(건강, 부부나 연인 관계, 가족, 친구, 재테크 등 소원하는 목표)**에 도달하고자 하는가?**

장기(인생 목표)	목표 달성을 위해 할 일	종료 시점

중기(5년)	목표 달성을 위해 할 일	종료 시점

단기(1년)	목표 달성을 위해 할 일	종료 시점

목표 되돌아보기

1. 내가 인생에서 이미 달성한 큰 목표는 무엇인가?

2. 목표를 달성하는 데 도움이 된 나의 가장 중요한 장점 (의사소통 능력, 사고능력, 전문지식, 지도력,

   인간관계, 특정한 기술 등)은 무엇인가?

3. 목표 달성에 방해가 된, 내게 제일 부족한 면은 무엇인가?

4. 업무나 사생활에서 설정한 목표에 도달하기 위해 나는 오늘부터 무엇을 할 것인가?

파레토의 법칙, '나만의 20%' 찾기

어떤 사람들은 인생의 몇몇 중대한 일에 집중하는 대신 잡다한 문제들과 씨름하는 데 너무 많은 시간을 소비한다. 우리는 흔히 '투입한 양'과 '결과'가 비례관계에 있다고 생각하지만 그것은 대단히 큰 오해다. 왜냐하면 적합한 방식을 선택하여 전략적으로 투입된 시간과 에너지는 본인이 가진 20%만 쏟아도 전체 결과의 80%를 얻을 수 있는 경우가 많기 때문이다!

→ 고객 또는 상품의 20%가 매출의 80%를 올린다.
→ 신문의 20%가 뉴스의 80%를 담고 있다.
→ 회의 시간의 20%가 결론의 80%에 영향을 미친다.
→ 사무작업의 20%가 업무성과의 80%를 가능하게 한다.
→ 인간관계의 20%가 개인 행복의 80%를 안겨준다.

이탈리아의 경제학자이자 사회학자인 빌프레도 파레토의 이름을 딴 이 법칙을 알면 목표를 분명하게 설정하고 행동 지침과 계획을 세우는 데 도움이 될 것이다.

성공한 사람들은 늘 가장 중요한 일, 동시에 가장 어려운 일을 시작하기 전에 현명한 처리 방법을 먼저 생각한다. 그렇기 때문에 더 많이 성취하면서도 스스로 만족하는 결과를 만들 수 있는 것이다. 당신의 업무나 개인 생활 영역에 존재하는 20 : 80의 성공요소를 찾아내고, 그것을 늘 최우선순위에 두어야 한다. 그러기 위해서 다음의 질문들을 고려하여 연습했던 '목표 및 세부사항 리스트'를 작성하자.

→ 인생의 비전과 로망을 이루면 나에게 남는 것은 무엇인가?
→ 나를 만족스럽게 하는 것, 내게 진정한 기쁨을 주는 것은 무엇인가?
→ 내 능력과 창의성을 어떻게 입증할 것인가?
→ 시간을 절약하거나 업무를 최적화하는 데 도움이 되는 것은 무엇인가?
→ 결과와 성공을 이끌어내는 상위 20%에 속하는 활동과 업무는 무엇인가?

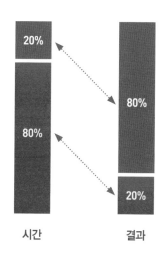

시간　　결과

목표 설정과 활동 계획

다음 단계는 '목표 구체화하기'이다. 즉 목표를 측정 가능하게 만드는 것이다. 그 후에 계획을 세우면 더 수월하게 세부 목표를 도출해낼 수 있다. 상위 목표는 너무나 크고 멀어서 감이 잘 오지 않지만 세부 목표는 당신이 매일, 매달 실천하는 것이므로 이루기도 쉽다. 목표 구체화를 위해서는 아래 내용을 참고하자.

우선 예측이 가능한 시기에 집중하라
→ 5년 후에 나는 어느 위치 혹은 어떤 자리에 있고자 하는가?
→ 그때까지 내가 성취하려는 것은 무엇인가?
→ 그 이후 나는 어떻게 살고자 하는가?

지난 5년 동안 당신에게 일어났던 일을 곰곰이 생각해보면 5년 뒤에도 모든 게 변해 있을 거라는 예측이 가능하다.

당신의 미래에 화려한 컬러를 입히자. 비전이 구체화되면 그것을 꼼꼼하게 기록해둔다. 그렇게 해서 목표를 확고히 하고 무의식이 팀플레이를 하게 만드는 것이다. '~한다면'이라는 가정과 '그러나'라는 부정의 표현을 쓰지 말고 무조건 현재형으로 표현하라. 당신이 성공을 전적으로 확신해야만 비로소 목표에 행동을 집중하는 에너지도 쓰게 된다.

인생을 '업무와 사생활'로만 나누지 말고 다음 네 가지 영역으로 나눠보자.
→ 육체 · 건강
→ 감각 · 문화
→ 가족 · 사회
→ 성취 · 일

성공한 인생에는 이 네 가지 영역 간의 균형이 이루어진다. 한 영역을 소홀하면 다른 영역도 피해를 입으며, 반대로도 마찬가지다. 당신이 규칙적으로 운동하고 건강에 좋은 음식을 먹은 덕분에 신체가 건강하다고 느끼면 직업적 목표에도 가까이 갈 수 있는 에너지와 능력을 효율적으로 끌어내게 된다. 또는 문제가 많은 인간관계를 해결하기 위한 여유와 차분함을 소유하게 된다.

이런 것들을 고려하여 당신의 최종 목표를 세부 목표 및 데카르트의 전략에 따른 구체적 행동 단계로 전환시켜라. 하지만 너무 많은 것을 한꺼번에 계획하지는 말 것. 자신에게 과도한 요구를 하지 않아야 한다. 또한 세부 목표를 실천하는 동안에는 늘 큰 목표를 잊지 말자.

동기 부여에서 계획까지
이제는 동기 부여가 충분히 이뤄진 마음가짐으로 목표를 이루기 위한 세부 계획을 짤 수 있겠는가? 그 목표는 당장 당신의 다음 달, 혹은 새해 목표가 될 수도 있다. 달성 완료 예상 시점을 포함해 각각의 행동단계를 구체적으로 짠다. 여기서 앞서 나왔던 마인드맵을 이용하면 더욱 도움이 될 것이다.

나의 개인적인 목표들

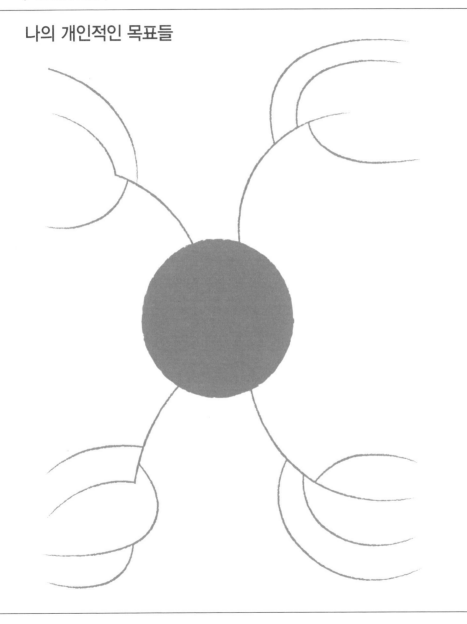

'파레토의 법칙' 적용시키기

1. 나는 어떤 업무를 할 때 시간의 80%를 들여 20%밖에 안 되는 결과를 성취하는가?

2. 반대로 어떤 업무를 할 때 주어진 시간의 20%만 들였는데도 이미 결과의 80%를 성취하는가?

3. 따라서 내가 가진 전략적 성공요인은 어떤 것들인가?

4. 주어진 시간을 목표 및 전략적 성공요소에 더욱 집중적으로 쓰기 위해 오늘부터 나는
   무엇을 할 것인가?

계획을 세웠다면, 반드시 '문서화' 할 것

우리는 시간을 분배하는 전략을 잘 짤수록 목표를 세우는 일도 효율적으로 해나갈 수 있다. 시간을 분배하는 전략은 곧 계획이며, 그것은 목표 달성을 위해 필수적인 준비과정이다. '계획'이라는 걸 할 때 생기는 장점은 다음과 같다.

계획 이전

계획 이후

전체
시간
소모

- ■ 계획하는 시간
- ■ 실행하는 시간 (방해요소 제거에 필요한 시간 포함)
- ▨ 여유 시간

계획이란, '시간을 얻는 것'이다
실제로 해보면 알 것이다. 계획을 세우는 데 더 많은 시간을 투자한 사람이 결과적으로는 목표 달성까지 시간을 더 적게 들이고, 더 많은 여유시간을 가졌다는 것을.
하루 일과를 시작하기 전에 딱 8분만 계획을 세워보자. 그리고 그대로 실행해보자. 당신이 중요하게 생각하는 그 일에 쓸 수 있는 시간이 매일 '한 시간'씩 생겨날 것이다.

우선 조망이 가능한 시기에 집중하라
→ '머릿속'에만 들어 있던 계획은 쉽게 사라진다. 계획은 '눈'으로 볼 수 있어야 한다.
→ 기록된 스케줄은 기억 속에 존재하던 내용을 언제든 다시 인지할 수 있게 해준다.
→ 계획을 정리해둔 문서를 보는 것은 그 자체로 동기를 부여해주는 심리적 효과를 가진다. 작은 행동 하나하나가 우리가 완수하려는 것을 이루는 방향으로 맞춰지는 것이다.
→ 그렇게 되면 잡다한 것에 신경을 쓰는 일이 줄어들고, 향상된 집중력과 함께 계획된 업무를 우선적으로 처리할 수 있게 된다.
→ 오늘 하루 일과 중 '했어야 하는데 처리하지 못한 일들'을 걸러내서 다시 한 번 체크할 수 있게 된다. (완결시키지 못한 일을 다음 날로 넘겨 해당 기한 내에 처리할 수 있다.)
→ 꼭 필요한 시간과 잡다한 것을 처리할 시간, 예기치 못한 일을 위한 예비 시간을 마련해둘 수 있다.
→ 이렇게 계획과 수행과정을 기록해두면 '처리한 업무에 대한 증빙자료' 혹은 '처리하지 못한

업무에 대한 납득할 만한 이유'가 되어준다.

> "중요한 일은 모두 단순하다.
> 그러나 사람은 가장 단순한 인식을 얻기 위해
> 가장 오랜 시간을 필요로 한다."
>
> **유스투스 폰 리비히, 독일 화학자**

당신이 이처럼 시간 분배 전략을 짜고, 그것을 기록하려는 것에 있어 방해가 되는 요소는 무엇인가? 설마 계획표를 작성할 시간이 없다고 생각하는가? 그렇다면 부디 다음의 이야기를 읽어보자.

어떤 사람이 숲속을 산책하던 중 나무꾼을 만났다. 나무꾼은 누워 있는 나무기둥을 톱질하며 끙끙대고 있었다. 나무꾼이 왜 그렇게 힘들어하는지 보려고 가까이 다가간 사람이 말했다. "실례지만 톱날이 너무 무뎌졌군요! 해가 지기 전에 일을 끝내려면 톱날을 날카롭게 가는 게 어떻겠습니까?" 그러자 나무꾼이 한껏 지친 목소리로 답했다. "그럴 시간이 없어요. 톱질하기도 바빠 죽겠으니까요!"

CHECK LIST

계획을 세웠을 때 얻게 되는
좋은 점은 무엇인가?

☐ 업무와 사생활에 있어서 이루고 싶은 목표를 더 빠르고 더 좋은 방향으로 성취할 수 있다.

☐ 진짜 중요한 과업(쌓고 싶은 커리어, 가족과의 따뜻한 시간 등)을 위한 시간을 획득한다.

☐ 해내야 하는 프로젝트나 과제 전체를 조망할 수 있다.

☐ '미션 클리어'를 해봄으로써 성공 경험을 갖게 된다.

☐ 분주함과 스트레스는 감소하고, 진행상황에 대한 예측 능력이 증가한다.

☐ 여유와 자제력이 증가한다.

☐ 중요한 인생 영역(업무와 사생활) 사이에서 밸런스를 찾게 된다.

계획을 직접 기록하기 전에…

1. 계획표를 작성하는 데 있어 방해가 되는 것은 무엇인가? (게으름 제외)

2. 계획을 짜고 기록하는 데 매일 몇 분 정도를 확보할 생각인가?

3. 문서로 기록한 계획표를 일관성 있게 실행하도록 내가 오늘부터 할 일은 무엇인가?

4. 나는 기간별로 이뤄나갈 목표를 정하고 그에 대한 계획표를 작성할 것이다.

단기간에 이룰 것	1년 이내에 이룰 것	5~10년 안에 이룰 것

계획표는 하루, 일주일, 월, 연, 3년, 5년, 10년 등의 단위로 작성해볼 수 있다.

'오늘의 계획'을 활용하라

계획 세우기의 첫 단계는 단위를 '하루'로 쪼개는 것이다.

→ 하루는 체계적 일정의 최소 단위이자 예측 가능한 단위다.
→ 하루가 성과 없이 지나갔을 경우, 매일 새로 시작할 수 있다.
→ '오늘의 계획'을 수행하지 못하는 사람은 일주일, 월간, 연간 계획도 역시 지킬 수 없다.

하루 단위 계획의 핵심은 '현실성'이다. 당신이 오늘 처리하고 싶고, 해야 하고, 동시에 할 수 있는 일만 포함되어야 한다! 목표는 도달 가능성이 높을수록 더 많은 에너지를 투입할 수 있고, 행동으로 옮기게 된다. '급한 일'이 무조건 '중요한 일'이 아니라는 것을 기억하자. 정말 중요한 일은 당장 해치울 수 없는 경우가 더 많다.

하루 계획을 세우는 다섯 가지 방법

방법은 간단하다. 중요한 일에 할애할 시간을 더 많이 얻기 위해서 하루 계획을 세우는 데는 8분 정도면 충분하다.

❶ '오늘의 할 일'을 적는다.

하루 계획을 위한 양식(40/41쪽)에 당신이 그날 하고 싶거나 해야 하는 일 모두를 기입한다.

→ 당신의 업무 목록 중 이번 주 또는 이번 달에 반드시 처리할 일.
→ 전날 처리하지 못한 일

→ 새로 추가된 일
→ 이미 정해진 일정이나 약속들
→ 처리해야 하는 통화 및 메일
→ 주기적으로 반복되는 업무 (예를 들어 매주 목요일 14시부터 15시까지 회의)
→ 휴식 시간

❷ '소요 시간'을 적는다.

할 일 항목들 뒤에 필요한 시간을 대강 어림잡아 써두자. 누구나의 계획은 흔히 실제 능력보다 과한 경우가 많고, 사람들은 주어진 시간보다 더 많은 항목을 우겨넣곤 한다.

→ 계획한 항목들에 투입해야 할 시간을 가늠해보자. 돈을 쓸 때는 물건 가격이 얼마쯤 한다는 것을 계산해보지 않던가? 왜 시간 자산을 쓸 때는 그렇게 하지 않는가?
또한, 사람들은 한 가지 일을 하는 데 소요되는 시간을 너무 여유롭게 두는 경우가 많다. 구체적인 마감 시간을 정해두면 돈을 쓸 때처럼 한계치를 스스로 넘지 않게 된다.
→ 정해진 업무에 대해 필요한 시간을 꼭 맞게 할당해두면 집중력이 상승하고, 그 시간만큼은 방해요소들을 거절할 수 있다.

❸ '남는 시간'을 만들어두자.

"처음엔 일이 생각과 다르게 풀리고, 두 번째에야 생각한 대로 흘러간다"는 말이 있다. 주어진 시간 중 일부만 계획해야 한다. 연구에 따르면 총 업무 시간의 60% 정도가 적당하다. 예상치 못한 회의, 가족의 연락, 그밖에 시간도둑들 때문에라도 '주어진 시간을 100% 활용하도록 짜여진 계획'은 실천이 불가능하다. 조심스럽게 하자면 주어진 시간의 50%만 활용 계획을 세워둘 것. 나머지는 계획에서 넘친 것들을 커버하는 데 쓸 수 있게 남기는 것이다. 그렇게 해야 '시간이 없어서' 허덕거리는 상황을 방지할 수 있다.

❹ '우선순위, 생략할 것, 타인에게 넘길 것'을 결정하자.

사람들은 주어진 시간의 50~60%보다 더 빡빡하게 시간을 활용하는 계획을 짜곤 한다. 업무 강요에 휘둘리지 말고 현실적인 범위에서 할 수 있는 계획을 잡자.

→ 우선순위를 정한다.
→ 생략할 것을 결정한다.
→ 동료나 가족이 대신 해도 되는 일을 선별한다.

이 세 단계로 걸러냈는데도 실행하지 못할 업무를 떠안고 있다면 기한을 협의해서 늘리거나 거절한다. 그것도 못한다면 어쩔 수 없이 초과근무 시간을 잡아야 한다.

❺ 위임은 신중하게!

당신이 어떤 업무 처리를 이쪽저쪽에 여러 번 넘기다 보면 미처리된 업무가 당신을 성가시게 한다. 이때 두 가지 가능성이 있다.

→ 당신이 그 일을 결국 맡게 된다. 그럼으로써 일이 처리된다.
→ 당신은 그 건을 지워버리게 된다. 미루는 사이 중요치 않아졌기 때문이다.

하루 계획표(예시)

시간	할 일	OK ✓
		✓
08	조용한 시간	✓
09		
10		
11		
12	바그너 교수님과 점심식사	✓
13		
14	미팅 준비	
15	R&G사 담당자와 미팅	
16	(내부에서)	
17	연말 휴가 계획 짜기	
18		
19	테니스 수업	
20		
21		
22		

✉	☎	연락할 것	OK ✓
	✗	갈레 교수님 494-169	✓
✗		H회사에 제안서	
	✗	애플 서비스센터 089 9 90 64 01	✓
	✗		✓
✗		K방송사 미팅 날짜 확인	
	✗	C여행사 25 22 30	
	✗		

우선순위	소요시간	업무 리스트	
A	1시간 반	Y.K 가격 산정	✓
B			
B	1시간	광고 예산 계획	✓
	30분	R&G 미팅 준비	
C		독일행 비행기 예약	
C		C여행사 알아보기!	
C	1시간		
삭제	단축	TIS 반환 청구	
삭제	단축	보도자료 만들기	
		평가	
		80% 달성	
		사생활	
		애블린에게 꽃다발 보내기	
		오늘의 목표	
		나는 긍정적으로 생각하고 행동한다!	

위 예시를 참고하여 당신의 내일 '하루 계획'을 짜보자.
- 나만의 시간 / - 타인과의 일정

나의 하루 계획

시간	할 일	OK ✓
08		
09		
10		
11		
12		
13		
14		
15		
16		
17		
18		
19		
20		
21		
22		

✉	☎	연락할 것	OK ✓

우선순위	소요시간	업무 리스트	
		평가	
		사생활	
		오늘의 목표	

하루 계획 점검하기

1. 매일 내가 깨어 있는 시간 중에서 얼마만큼의 시간을 업무 시간으로 계획할 수 있고, 하려고 하는가?

2. 내일을 위한 하루 계획을 짜기에 가장 좋은 시간대와 장소는 언제, 어디인가?

   예를 들어 퇴근하기 전 사무실인가?

3. 하루 계획을 쓸 때 업무와 개인적인 일정이 어디까지 포함되는가?

4. 규칙적으로 하루 계획을 짜기 위해 나는 오늘부터 무엇을 지킬 것인가?

'우선순위'를 정하라

혹시 바쁘고 힘들었던 하루가 끝날 때쯤 이런 생각을 해본 적이 있는가? '오늘 그렇게 열심히 일을 했는데도 정작 중요한 내 업무는 손도 대지 못했거나 끝내버리지 못했구나.'

우리가 흔히 '성공했다'고 말하는 사람들은 우리와 크게 다르지 않다. 다만 한 가지 커다란 차이점이 있다. 그들은 일관되게 목표를 겨냥한 채로, 정해진 시간에 오직 한 가지 일만 처리한다. 또한 그러기 위해서 수많은 할 일들 중 우선순위를 분명하게 정하고 그 순서대로 일한다.

급한 마음으로 여러 일을 처리하다 보면 무엇을 먼저 완료해야 하는지 잊게 된다. 그것을 방지하기 위해 일을 시작하기 전에 순서를 정해두고 첫째, 둘째 순위에 있는 항목부터 우선적으로 처리해야 한다. 우선순위를 정할 때는 다음의 몇 가지를 염두에 두자.

→ 반드시 내가 해야 하는, 중요한 업무를 먼저!
→ 중요도는 조금 떨어지지만 급하게 빨리 처리할 일은 그다음.
→ 일을 할 때는 한 가지 일에만 집중한다.
→ 스스로 마감 시간을 정해두고 그 시간 안에 처리한다.
→ 주어진 환경을 고려해 설정한 목표가 도달 가능성이 높다.
→ 다른 사람의 일을 억지로 떠맡거나 대신해주지 않는다.(현명한 거절)
→ 계획을 세운 단위(예를 들면 '하루 계획') 안에서 적어도 가장 중요한 업무 하나는 마친다.
→ 개인성과가 곧바로 측정되는 업무들은 미완결 상태로 두지 않는다.

CHECK LIST

'우선순위'를 통해서
어떠한 긍정적 효과를 얻으려 하는가?

☐ 일정 엄수하기

☐ 더 나은 결과를 만들기

☐ 직원, 동료, 가족을 기쁘게 하기

☐ 갈등 예방하기

☐ 업무를 효율적으로 수행하기

☐ 당신이 중요하다고 생각하는 일 해내기

☐ 초과근무시간 단축시키기

☐ 스스로 일상에 만족하고 불필요한 스트레스 방지하기

'ABC 분석(순위별 소요시간 분석)'을 활용하라

우리가 이미 완료한 일을 돌이켜보며 가장 중요한 업무(A), 그다음으로 중요한 업무(B), 그다지 중요하지 않은 업무(C)로 분류해보자. 그런 뒤에 실제로 각각 A, B, C에 소요한 시간을 살펴보자. 업무의 중요도와 소요시간을 일치시키지 못했다는 것을 발견했는가? 이처럼 업무의 '중요도(가치 있는 정도)'와 '실제 소요시간'을 비교하는 것을 ABC 분석(순위별 소요시간 분석)이라고 한다.

ABC 분석(순위별 소요시간 분석)

업무의 중요도   실제 소요시간

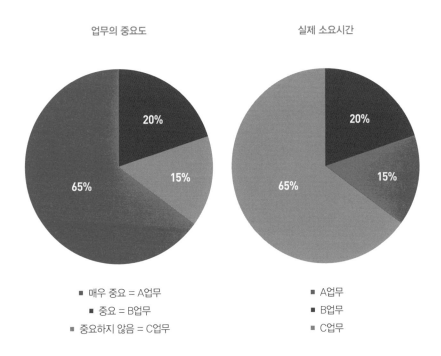

- 매우 중요 = A업무
- 중요 = B업무
- 중요하지 않음 = C업무

- A업무
- B업무
- C업무

우리는 중요하지 않은 잡다한 일들(C)에 시간의 대부분을 쓰고 있다. 그리하여 인생의 가장 가치 있는 일들(A)에는 너무 짧은 시간을 투자하게 된 것이다. 심플하고도 어려운 시간관리의 열쇠는 '계획한 목표들'을 '분명한 우선순위'에 따라 수행하는 것에 있다. ABC 등급을 나눌 때는 다음을 참고하자.

- 가장 중요한 일. 당신은 이 업무의 담당자이며, 단독으로 또는 팀 책임 하에 업무를 수행할 수 있다. 이것은 타인에게 넘겨줄 수 없고, 완수하는 것이 나에게 큰 가치를 지닌다.
  → A업무로 분류

- 중요도가 보통인 업무들이고 (부분적으로) 위임도 가능하다.
  → B업무로 분류

- 당신에게 있어 가장 낮은 가치를 가진 일들. 그럼에도 업무량의 가장 많은 비중을 차지한다. (늘 되풀이되는 일상 업무, 산더미 같은 서류 정리, 문서 읽기, 거래처와 통화, 메일 주고받기, 타 부서 협조 업무)
  → C업무로 분류

- 중요하지도 급하지도 않은 업무들은 전혀 손을 댈 필요가 없고 쓰레기통에 버려야 한다.

> "커다란 쓰레기통은
> 모든 질서와 정리의 시작이다."
> **쿠르트 투콜스키, 독일의 언론인 겸 작가**

물론, 오로지 A업무들만 처리하는 데 열중하고, C 업무는 완전히 버리라는 뜻은 아니다. 올바른 순위와 순서에 따라 중요한 것을 먼저 처리하는 하루를 보내라는 뜻이다.

이처럼 적극적으로 업무의 흐름을 조절하고 중요한 업무에 집중하면 곧 마음의 평온과 균형이 찾아온다. 하지만 많은 사람들은 대개 업무를 다음과 같이 수행하려는 경향이 있다.

→ 정확한 해당 업무를(목표 지향=실효성) 수행하기보다,

→ 무슨 업무든 정확하게 처리하려만 한다. (행위 지향=효율성)

이 책에서 제안한 방식대로 하루 목표를 달성하고, 예상치 못한 방해에도 불구하고 남는 시간을 갖게 된다면, 당신은 여유롭게 '시간을 어디에다 쓸 것인지' 주체적으로 결정할 수 있다.

TIP

ABC 분석을 실제로 업무 시간에 적용할 때는 다음과 같이 계획을 짜보자.

- 하루 스케줄에는 A업무를 한 가지 또는 두 가지만 포함시킨다. (총 3시간 정도 소요)
- 거기에 추가로 B업무를 두세 가지 포함시킨다. (총 1시간 소요)
- 나머지 일들은 C업무로 처리한다. (총 45분 정도 소요)

'ABC 분석' 점검하기

1. 현재 내가 맡고 있는 업무를 ABC로 나눠보자.

나의 A업무들:

나의 B업무들:

나의 C업무들:

2. 매일 A업무를 최소한 한 가지씩 수행하기 위해서 오늘부터 어떤 전략을 가질 것인가?

3. 일관된 우선순위 설정과 업무처리를 통해 얻게 될 여유 시간에 무엇을 할 것인가?

'일정관리 도구'를 활용하라

현명한 시간관리를 위해서는 적절한 일정관리 도구를 활용해야 한다. 할 일 목록을 작성할 수 있는 다이어리나 노트, PC용 프로그램, 스마트폰이나 태블릿PC의 스케줄 어플리케이션을 마련하자.

날이 갈수록 새로운 기술이 탄생하면서 모든 이의 업무는 가속화되고 있다. 그러나 한편으로는 더욱 다양한 요구가 늘어나기도 하며, 하다못해 새로운 기능을 지닌 일정관리 도구를 익히느라 오히려 더 많은 시간을 쓰게 되기도 한다. 일정관리 도구는 시간을 절약하기 위한 보조수단이므로 그 자체가 시간도둑이 되어서는 안 된다.

다이어리에서 클라우드 기능까지… 다양한 일정관리 도구들

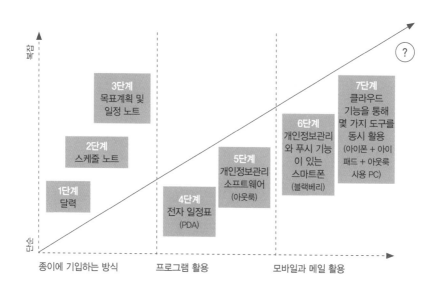

기록 목적에 따라 다른 서식 선택하기

기록의 목적	기록할 항목	알맞은 서식
1. 업무나 개인생활에서 할 일 / 단기·중기·장기 계획 / 계획의 실행 및 조정 등을 기록할 때	할 일	• 체크리스트
	장기 계획	• 주간/월별/연간 계획표
	하루 계획	• 하루 계획표와 체크리스트
2. 개인적인 정보나 업무 자료를 저장할 때	자료 저장	• 체크리스트 • 메모 • 지급 일정표
3. 일반적인 정보, 전화번호와 메일 주소 등 주소록을 기록할 때	다양한 정보	• 일정표 • 모눈종이 메모지 • 여행경비 등 예산 기록표
	주소록	• 전화번호와 주소 리스트

적절한 도구를 선택하자

효율적인 일정관리 도구 사용을 통해서 전체 일정 중 단 10%만 계획적으로 수행해도 매일 한 시간을 통째로 아낄 수 있다. (필자는 15~40%의 시간을 약속한다.) 종이든 소프트웨어든 상관없다. 당신의 업무 종류, 습관, 선호도, 친숙함에 따라 도구를 선택하자.

셀프 테스트:
나는 어떤 유형의 조직원일까?

사람들은 저마다 자신만의 개성을 갖고 있고, 그것은 한 조직에 속해 있을 때도 발휘되기 마련이다. 어떤 사람은 어디서든 쉽게 조직 속에 융화되고, 어떤 사람은 그 안에서도 독립된 개체처럼 활동한다. 또 어떤 사람은 훌륭하게 조직 체계를 이끌어나간다. 그런 종류의 사람들은 주어진 업무를 여유만만하게 처리하고, 일과 중에 일어나는 돌발적인 사건들에 휘둘리지 않는다. 그러다 보니 그들에게는 업무에서의 목표와 개인적인 목표에 도달하는 데 쓸 시간이 남들보다 많이 주어진다.

그와 반대인 사람들은 체계가 잡히지 않은 책상 위에 밀린 업무가 잔뜩 쌓여 있다. 눈앞에 보이는 것부터 마구잡이로 처리하다 보니 중요한 일은 또 미루게 된다. 스트레스가 잔뜩 몰려와 일상을 어떻게든 버티게 된다. 시간이 모자라는 것이 그런 사람들 최대의 문제다.

> "단 하루의 할 일을 의미 있게 조직하는 능력에 비하면, 인생에서 다른 모든 일은 어린애 장난이다."
> **요한 볼프강 폰 괴테, 독일의 문학가 겸 정치가**

제발 핑계 대지 말자

자신이 조직 속에서 보이는 습성은 절대 바꿀 수 없는 자연의 법칙 같은 것이 아니다. 우리를 '무계획한 인간'으로 만드는 유전자 따위는 세상에 없다. 따라서 "난 원래 그래"라는 말은 게으른 핑계일 뿐이다. 또한 그 사람이 어떤 교육을 받았는지, 부지런하거나 게으른지, 칠칠맞지 못하거나 단정한지와도 상관없다.

그 유형을 결정하는 것은 다음 세 가지다.

→ 시간관리
→ 정보 활용 능력
→ 자발적 동기 부여

셀프테스트를 통해 당신이 조직 속에서 어떤 유형의 사람인지, 어떻게 하면 시간관리를 더 최적화할 수 있는지 알아보자. 당신의 업무 스타일을 정확하게 파악하기 위해 시간관리 실태에 대한 질문에 답한 뒤 조직 수준에 대한 질문에 답한다. 테스트 뒤에는 자신이 속한 유형의 결과를 참고하자.

테스트 출처: www.timesystem.de

테스트 1. 나의 시간관리

다음 질문을 읽고 자신이 해당하는 란에 표시해보자.

	네	아니오	중간
1. 나에게는 일정이 적힌 다이어리나 다른 스케줄 도구를 항상 지니고 다니는 것이 중요하다.	0	1	2
2. 나는 메모를 어플리케이션이나 PC에 하는 것보다 종이에 적는 것이 더 편하다.	0	1	2
3. 나는 다른 팀원들도 내 일정 및 프로젝트를 거들 수 있으면 좋겠다.	0	1	2
4. 나는 회의나 외부 미팅을 할 때도 나의 일정 계획표를 늘 옆에 두고 싶다.	0	1	2
5. 나는 일정을 직접 관리하지 않고 비서나 후배에게 맡긴다.	0	1	2
6. 나는 팀을 이끌고 있고, 내 일정/업무를 비롯해 다른 동료들의 일정/업무까지 지시한다.	0	1	2
7. 나는 중요한 문서는 철저하고 꼼꼼하게 작성한다.	0	1	2
8. 나는 회사에서 다양한 부서에 걸쳐 있는 업무들을 맡고 있다.	0	1	2
9. 나는 중요한 면담을 편한 분위기 속에서 진행한다. (예를 들면 점심이나 저녁식사를 하면서 진행)	0	1	2
10. 나는 처리하려는 업무 목록을 매일 작성한다.	0	1	2

11. 나의 전체 일정은 내가 직접 계획하며 회사의 다른 직원들에게 구애되지 않고 독자적으로 짠다.　　0　1　2

12. 나는 나의 일정과 프로젝트 계획을 빠르게 결합시키는 것을 중요시한다.　　0　1　2

13. 나는 항상 긴급한 일정을 일깨워 주는 누군가가 필요하다.　　0　1　2

14. 나는 출장을 많이 다니고, 기차와 비행기 안에서 일하는 경우가 빈번하다.　　0　1　2

15. 나는 우리 팀의 업무 일정에 대한 정보를 언제든지 알고 싶다.　　0　1　2

16. 우리 팀은 공동의 사무실 없이 여러 건물/도시/국가/에 흩어져 있다.　　0　1　2

17. 나는 데이터 자료를 받으면 포괄적으로 파악하는 시간이 항상 필요하다.　　0　1　2

18. 내가 일단 손으로 메모한 내용은 더 이상 잊어버리지 않는다.　　0　1　2

19. 나는 모든 것을 문서로 확실하게 해두는 과정이 필요하다. 뚜렷하지 않은 머릿속 생각을 그리 신뢰하지 않는다.　　0　1　2

20. 나는 PC를 둔 책상에서 고정적으로 일하며 컴퓨터를 떠나는 경우는 극히 드물다.　　0　1　2

테스트 2. 나의 조직 수준

전혀 해당하지 않는다 = A
가끔 해당한다 = B
전적으로 해당한다 = C

1. 나는 일정을 잊지 않고 잘 기억한다. [A] [B] [C]

2. 내 책상 위는 늘 완벽하게 정리되어 있다. [A] [B] [C]

3. 내가 방해받고 싶지 않을 때는 철저하게 차단한다. [A] [B] [C]

4. 가장 어려운 업무는 아침 일찍 곧바로 시작한다. [A] [B] [C]

5. 나는 회의나 상담 시에 중요한 정보를 항상 준비해둔다. [A] [B] [C]

6. 내가 프로젝트를 수행할 경우, 모든 정보를 주변에 퍼뜨리는 것을 피한다. [A] [B] [C]

7. 나는 기분전환 할 무언가를 찾지 않아도 괜찮다. [A] [B] [C]

8. 나는 책상이 말끔하게 정리되어 있을 때 일이 가장 잘 된다. [A] [B] [C]

9. 나는 중요한 업무를 처리할 때 전화와 메신저를 꺼두곤 한다. [A] [B] [C]

10. 나는 모든 업무를 우선순위에 따라 철저하게 배열한다. [A] [B] [C]

11. 나는 상사가 불러도 하던 일을 마무리한다. [A] [B] [C]

12. 나는 서류를 받으면 해야 할 일을 (가능하면) 즉시 그리고 완전히 처리한다.　A　B　C

13. 나는 동료들과 구두로 진행되는 간단한 미팅을 할 때도 미리 일정을 잡아서 한다.　A　B　C

14. 동료들이 내 책상에서 어떤 서류를 찾을 경우 대개 그들이 원하는 것을 수월하게 찾아간다.　A　B　C

15. 나의 '흥미로운 프로젝트' 보관함에는 사실 훌륭한 아이디어가 아니라 쓸 데 없는 것밖에 없다.　A　B　C

16. 나는 전화기나 컴퓨터 모니터에 메모가 적힌 노란 용지가 붙어 있는 것을 좋아하지 않는다.　A　B　C

17. 나는 마무리되어 가는 프로젝트를 한번 훑어보는 것으로 하루를 시작한다.　A　B　C

18. 나는 집에서 가족들과 보내는 시간 외에 모든 약속 장소에서 예기치 않게 대기시간이 생기는 경우를 대비해 일거리를 가지고 다닌다.　A　B　C

19. 내게 걸려오는 전화는 대부분 응대 담당자가 1차로 받아서 거른 뒤 연결해준다.　A　B　C

20. 나는 부하 직원이 계획적인 업무 처리를 위해서라면 즉흥적인 미팅에 부르는 것을 거절해도 괜찮다.　A　B　C

'테스트 1'의 결과

각 질문에서 해당하는 점수를 확인하고, 그 점수들을 합산하여 총점을 적어보자.

질문 1	네 (5),	아니오 (15),	중간 (10)
질문 2	네 (5),	아니오 (15),	중간 (10)
질문 3	네 (15),	아니오 (5),	중간 (10)
질문 4	네 (5),	아니오 (15),	중간 (10)
질문 5	네 (15),	아니오 (5),	중간 (10)
질문 6	네 (13),	아니오 (7),	중간 (10)
질문 7	네 (5),	아니오 (15),	중간 (10)
질문 8	네 (7),	아니오 (13),	중간 (10)
질문 9	네 (5),	아니오 (13),	중간 (10)
질문 10	네 (7),	아니오 (13),	중간 (10)
질문 11	네 (7),	아니오 (13),	중간 (10)
질문 12	네 (15),	아니오 (7),	중간 (10)
질문 13	네 (13),	아니오 (7),	중간 (10)
질문 14	네 (7),	아니오 (13),	중간 (10)
질문 15	네 (15),	아니오 (5),	중간 (20)
질문 16	네 (13),	아니오 (7),	중간 (10)
질문 17	네 (7),	아니오 (13),	중간 (10)
질문 18	네 (5),	아니오 (15),	중간 (10)
질문 19	네 (5),	아니오 (15),	중간 (10)
질문 20	네 (15),	아니오 (5),	중간 (10)

나의 총점:

'테스트 2'의 결과 & 당신의 조직 유형

A, B, C를 각각 몇 번씩 체크했는지 세어본 뒤 가장 많이 체크한 알파벳을 적어두자. 만약 A와 B를 똑같은 횟수로 체크했다면 질문을 다시 한 번 자세히 읽어보고, 어느 쪽에 더 많이 해당하는지 판단하여 스스로 결정한다.

결과 풀이

테스트 1의 총점과 테스트 2의 결과가 교차하는 지점이 당신의 조직 유형이다.

테스트 1의 점수가 118~171점이라면 당신의 조직 유형은,

테스트 2의 결과가 **A**일 때: 1유형

테스트 2의 결과가 **B**일 때: 2유형

테스트 2의 결과가 **C**일 때: 3유형

테스트 1의 점수가 172~229점이라면 당신의 조직 유형은,

테스트 2의 결과가 **A**일 때: 4유형

테스트 2의 결과가 **B**일 때: 5유형

테스트 2의 결과가 **C**일 때: 6유형

테스트 1의 점수가 230~287점이라면 당신의 조직 유형은,

테스트 2의 결과가 **A**일 때: 7유형

테스트 2의 결과가 **B**일 때: 8유형

테스트 2의 결과가 **C**일 때: 9유형

각 유형에 대한 해설

1유형: 즉흥연주형

동료들은 당신의 유연성을 매우 높이 평가한다. 당신은 원칙주의자와는 거리가 멀고, 부정적이거나 비판적인 상황에서도 순발력 있게 대응하여 주위의 부러움을 산다.

조직에서의 상황
당신은 여전히 최신식 일정관리 어플리케이션이나 소프트웨어보다는 종이에 메모하는 것을 더 선호할 확률이 높다. 비록 자기관리를 잘하려고 애쓰고 있으나 책상은 여전히 무질서하다. 당신에게 있어 최대의 시간도둑은 바로 그것이다. 중요한 메모를 우선순위 없이 닥치는 대로 적어두는 것. 때문에 그때그때 종이더미에서 필요한 내용을 찾느라 시간을 허투루 써버리는 것이다. 그러다 정말 중요한 사항을 완전히 잃어버리는 바람에 상황을 무마하기 위해 순발력을 발휘하고 있는지도 모른다.

최적화를 위한 제안
종이와 펜을 계속해서 사용하는 것은 상관없다. 하지만 메모의 체계를 잡자. 당장 업무의 종류와 우선순위를 구분할 수 있는 다이어리나 메모지를 구입하라. 그리고 난 뒤에는 나름의 체계를 염두에 두며 기억할 것들을 해당란에 기입하고, 적합한 파일로 만들어두는 연습을 해보자.

2유형: 최적화된 조직형

당신은 확증에 의존한다. 그리고 잠깐 사이 지나가버릴 유행에 홀리지 않는다. 조직에서의 적응력이 우수하며, 사람들은 당신의 신중함과 명료한 판단능력을 높이 평가한다. 또한 이미 오래전부터 해야 할 일을 체계화하는 데 익숙할 것이다. 당신은 모든 것을, 특히 개인의 시간을 관리하는 능력을 갖췄기 때문이다.

조직에서의 상황
당신은 매우 훌륭하게 자기관리를 행하고 있는 유형이다. 기존의 계획 체계를 유지하도록 노력하는 것 외에는 더 이상 최적화할 필요가 없다. 혹시 오프라인(종이 메모)으로만 업무 관리하는 것에 익숙하다면 다른 관리 도구들도 사용해보자. 그것 또한 당신의 경험으로 축적될 것이다.

최적화를 위한 제안
계속해서 업데이트되는 일정관리 어플리케이션이나 소프트웨어에 대해 관심을 꺼서는 안 된다. 네트워킹 기능이 있는 도구들은 이미 널리 사용되고 있다. 일정이나 프로젝트 주요 내용을 관계자들이 공동으로 파악하는 것은 효율성과 직결되며, 당신의 팀원이나 후배들은 그것에 더 익숙할 것이므로 그들과 일하는 데 수월한 방식을 채택하자.

3유형: 전문적인 계획형

당신은 업무와 프로젝트를 매우 체계적이고 철저하게 계획한다. 성공은 당연지사다. 하지만 수많은 업무를 해결하기 위해 당신 개인의 시간과 노력을 지나치게 많이 쏟아붓는 경우가 빈번하다.

조직에서의 상황
당신은 깊은 고민 끝에 효율적으로 일정관리 도구들을 사용하고 있다. 직업 환경에 있어서도 가장 현명한 방법일 것이다. 그러나 가끔은 당신이 맡고 있는 프로젝트가 계획과는 달리 순조롭게 진행되지 않을지도 모른다. 당신과 동료, 팀원들 간에 공유할 정보가 넘치고, 효율적으로 관리되지 않는 것이 그 원인이다. 자꾸 한계에 부딪힌다는 생각이 들면 다른 기능을 가지고 있는 소프트웨어를 한두 가지 보충 사용해보자.

최적화를 위한 제안
현재 사용하는 일정관리 도구들을 버릴 필요는 없다. 단지 문제가 있는 지점을 살펴보고, 소통에 보완이 필요하다면 네트워킹 기능이 있는 소프트웨어를 사용하는 등 각각의 장점을 지니는 도구를 두 가지 정도 병행하여 사용하라.

4유형: 직관형

사람들을 잘 아는 당신은 열린 의사소통 자세에서 높은 평가를 받는다. 당신의 직관은 우수하며, 문제 상황 앞에서 이성적인 분석만 신뢰하는 타입이 아니다. 특히 다른 사람과는 조금 다른 시각에서 해결책을 제시하는 경우가 많아 동료들에 비해 더 빨리 목표에 도달할 때가 많다.

조직에서의 상황
동료들이 책상 앞에서 서류더미와 씨름하고 있을 때 당신은 무엇보다 인간관계와 의사소통에 주력한다. 대화 도중이나 골프를 치면서 좋은 아이디어를 떠올리곤 한다. 하지만 바로 당신의 직관적 기질이 지금까지 제대로 된 체계화를 방해했을 확률이 높다. 물론 당신의 의사소통 재능이 문제 분석과 직원 통솔 부분에서 매우 효과적인 것은 틀림없는 사실이다. 하지만 하루일과를 계획하는 데 있어서는 귀찮은 방해요소들을 관리하지 못한다. 핸드폰은 끊임없이 울리고, 직장 동료는 갑자기 들이닥쳐 고민을 상담하는 와중에 중요한 메일, 연락처, 메모는 찾아지지가 않고…. 이런 이유들로 당신은 해내야 할 일들 중에 일부만 겨우 해결하는 경우가 많다.

최적화를 위한 제안

당신은 철저한 자기관리를 통해 방해요소를 현저하게 줄일 수 있다. 매일 '조용한 시간'을 스스로 정해두자. 그 시간 동안 중요한 업무에 집중할 수 있을 것이다. 의사소통 능력이 우수한 사람들은 흔히 이 한계 설정을 어려워하곤 한다. 하지만 그 '선 긋기'만이 당신을 위한 해결책이다. 이 책에 등장하는 시간관리법은 기초적인 기술이지만 업무 현장에서 활용한다면 가장 든든한 지원군이 되어줄 것이다.

5유형: 만능형

당신이 가진 장점은 다양성이다. 새로운 업무가 주어져도 수월하게 일할 수 있다. 그러면서도 당신은 항상 중요한 업무에 시선을 둔다. 뭔가 계획한 일이 있으면 시종일관 염두에 두고 실천한다. 왜냐하면 당신은 항상 뚜렷한 목표를 추구하는 사람이기 때문이다.

조직에서의 상황

거의 완벽한 자기관리를 보여주고 있다. 새로운 업무가 주어져도 우선순위 설정과 목표 설정을 능숙하게 해낸다. 당신은 주로 종이 위에 당신만의 계획표 짜기를 좋아한다. 동시에, 팀원이나 다른 동료들에게 당신의 계획표나 자료가 유출되는 것을 원치 않는다.

최적화를 위한 제안

당신의 계획표 짜는 시스템을 유지하되 좀 더 유연성을 지닌 소프트웨어를 결합시켜 보자. 단, 이중장부를 만들어서는 안 된다. 종이에 기록하는 내용과 소프트웨어는 호환성이 있어야 한다. 서식을 통일하여 둘 중 하나만 보아도 내용 파악이 가능하도록 옮겨두자.

6유형: 혁신형

당신이 가진 호기심이 곧 추진력이다. 항상 개선을 추구하며 이미 도달한 목표에 결코 만족하지 않는다. 때문에 당연히 성공한 것에 머무르지 않고 자신의 능력을 항상 최상으로 높이는 것에 흥미를 가진다.

조직에서의 상황
당신의 일상은 모두 당신이 의도적으로 계획한 구조 안에 있다. 급한 업무 중에서도 중요한 업무를 가려낼 줄 알고, 한눈파느라 시간을 낭비하지도 않는다. 고전적인 종이 메모를 사용함과 동시에 다른 종류의 일정관리 도구들도 사용해봤을 것이다. 혹은 너무 다양한 어플리케이션과 PC버전들을 쓰고 있는지도 모른다.

최적화를 위한 제안
새로운 것을 환영하는 개방된 자세는 좋다. 하지만 주의할 것이 있다. 다양한 일정관리 도구를 섞어 쓰는 사람은 도구들의 상호 호환성에 특히 주의해야 한다. 그렇지 않으면 시스템들이 하나로 통일되지 못하는 바람에 유용한 상태를 유지하지 못할 위험이 있다. 다양성은 오히려 혼란을 야기할 수 있으므로 종이 메모와 PC버전 도구의 업데이트 상황을 일정하게 유지하라.

7유형: 어중간형

당신에게 있어 컴퓨터는 세상으로 연결되는 탯줄이다. 업무가 있을 때는 노트북을 항상 가지고 다닌다. 새로운 정보기술에 손대기를 전혀 두려워하지 않으면서도 의외로 한 가지 점에 대해서는 보수적인 모습을 보인다. 바로 일정, 미팅, 업무 등은 종이와 펜으로 작성하는 습관이 들어 있는 것이다.

조직에서의 상황
당신은 모든 일정, 미팅, 업무 등을 글로 작성해두려고 애쓴다. 하지만 중요한 메모를 포스트잇에 적어 여기저기 써두는 바람에 난처한 상황이 발생한다. 저녁 무렵이나 다음 날이면 찾으려는 내용이 어디에 있는지 기억나지 않는 경우가 있기 때문이다.

최적화를 위한 제안
포스트잇 사용은 이제 그만두고 체계적인 메모가 가능한 일정도구를 마련하라. 그리고 앞으로는 중요한 메모를 그곳에만 남겨두자. 또한 컴퓨터와 스마트폰을 이용한 일정관리를 시작한다. 그러면 언제든지 자료를 복사하여 당신이 원하는 체계 안에 붙여넣기 할 수도 있다.

8유형: 전략형

당신은 훌륭한 전략가로 계획의 요령을 아주 잘 아는 사람이다. 그런데 당신에게 컴퓨터나 소프트웨어는 짐이 되기 시작했다. 너무 많은 정보를 전달하는 컴퓨터 앞에서 쓸데없는 시간을 소비하는 것이다.

조직에서의 상황

당신은 프로젝트 팀 내부의 일정과 진행 상황에 대한 신빙성 있는 통찰력을 유지한다. 그러나 그 뒷면에는 마치 물속에서 빠르게 움직이는 오리발처럼 정보 분석과 평가에 너무 많은 수고를 들이고 있다.

최적화를 위한 제안

그룹 내에서 네트워크로 진행되는 일에 컴퓨터 사용은 필수적이다. 네트워킹 가능한 일정관리 도구를 통해 나와 동료의 업무를 조율하고 프로젝트 진행 상황도 파악한다. 그러나 때로는 컴퓨터가 저 혼자 돌아가도록 내버려두자. 시종일관 그 앞에서 모든 것을 파악하려고 할 필요는 없다. 혼자만의 집중이 필요할 때는 종이에 끄적이는 것이 더 효율적일지도 모른다. 그런 메모장은 언제든 지니고 움직일 수도 있으니 말이다.

9유형: 완벽주의자

존경한다. 당신은 기본적인 자기관리에 능통한 사람이다. 당신의 일과는 철저하게 완벽한 구조를 갖추고 있다. 필요에 따라 오프라인과 온라인 일정관리를 넘나들며, 호환성도 고려한다. 동료들의 자료 입수 또한 네트워크를 통해 능숙하게 한다. 당신이 만약 저녁식사 자리에 업무 관계자를 초대한다면, 그 또한 틀림없이 계획에 의한 것이다. 당신은 계획과 자기관리에 있어 전문가나 다름없다. 행운을 빈다!

"우리의 중요한 과제는
저 멀리에 있는 불분명한 것이
무엇인지 알아내는 것이 아니라,
우리 앞에 있는 분명한 것을 행하는 것이다."

_토마스 칼라일, 스코틀랜드의 역사가 겸 철학자

- 시간과 에너지를 전략적으로 투입하면 20%만으로도 결과의 80%를 이끌어낸다.

- 성공한 사람들은 항상 가장 중요하고 동시에 가장 어려운 일에 착수하기 위해 목표를 설정하고 실천한다. 그렇기 때문에 그들은 다른 사람들보다 더 많이 성취할 수 있고, 자신들이 해낸 일에서 더 많은 동기 부여를 얻는다.

- 하루 일과를 시작하기 전에 8분간 계획하고 그것을 철저히 실행한 사람은 자신에게 정말 중요한 업무나 사생활에 투자할 수 있는 시간을 남들보다 한 시간씩 더 얻게 된다.

'나만의 시간을 확보하는 전략'

STEP **3** _ 시간관리 솔루션(1)

'모노태스킹'으로 시간 벌기

오늘날 우리는 복잡해진 업무 분야와 급격히 불어난 정보량에 시달리면서 동시에 늘 연락 가능한 상태를 유지해야 한다는 압박까지 받고 있다. 몇몇 연구에 따르면 직장인들은 몇 분에 한 번씩 메일, 전화, 말을 걸어오는 동료 등에 의해 일처리가 중단된다고 한다. 또한 흐름이 끊긴 업무에 다시 집중하기 위해 매번 약 2분씩을 써버린다고 한다.

멀티태스킹이라는 잘못된 신화
멀티태스킹은 몇 가지 과제를 단시간 내에 차례차례, 거의 동시에 수행할 수 있는 운영체제 능력을 말한다. 이는 컴퓨터에 쓰이는 용어로 인간에게는 결코 통용될 수 없는 개념이다. 비록 우리가 감각기관을 통해 몇 가지 사물이나 상황을 동시에 인지할 수 있다 해도 뇌는 두 개의 과제를 동시에 처리할 수 있는 능력이 없다.

우리가 전화 통화를 하면서 메일을 체크한다면, 주의력의 100%를 두 가지에 분산시키고 있는 것이 아니다. 당신은 초 단위로 두 가지 사이에서 왔다 갔다 하는 상황에 놓여 있는 것이다. 다시 말하면 두 가지 일 모두에서 초 단위로 흐름이 끊기고, 집중력은 엄청나게 떨어진 상태다. 정신 산란함, 스트레스, 빈번한 실수, 초과근무의 악순환은 거기서 발생한다. 한 번에 하나에만 집중하는 모노태스킹을 활용하면 다음과 같은 효과를 얻을 수 있다.

→ 한 가지 일에 시종일관 몰두하면 매번 흐름을 타기 위한 사전 작업시간이 줄어든다. 여기서 40%까지 시간을 더 얻을 수 있다!

→ 책상이나 컴퓨터에 너무 많은 프로젝트를 늘어놓지 않을 수 있어, 정돈된 상태가 계속 유지된다.

→ 단 한 가지 일에 집중하면 실수하는 횟수가 줄어든다.

→ 한 단계씩 과정을 고려하면서 끝까지 완료할 때 성취에 대한 만족감도 증가한다. 그렇게 되면 머릿속에 여유 공간이 생기고, 스트레스 또한 사라져 버린다!

CHECK LIST

모노태스킹의 법칙

☐ 하루 일과를 제때 계획하기

☐ 우선순위 설정하기

☐ 완충 시간 만들기

☐ 잠재적 방해요소(시간도둑) 차단하기

☐ 혼자만의 집중시간에 대해 주위에도 알리기

☐ 짧은 휴식 시간 미리 빼놓기

☐ 스스로 정한 규칙 지키기

멀티태스킹은 이제 그만!

1. 나는 하루에 몇 번쯤 여러 가지 업무를 동시에 처리하려고 하는가? 그것들은 어떤 분야인가?

2. 하루 근무 중 몇 번쯤 하던 일이 중단되는가?

3. 나는 흐름을 끊는 방해요소에 어떤 식으로 반응하는가?

4. 모노태스킹 습관을 확립하기 위해 나는 오늘부터 무엇을 할 것인가?

'자기 자신과의 일정'을 잡아라

많은 사람들이 공식적인 근무시간이 끝난 뒤에 '실제' 업무를 처리한다고 한다. 잡무를 처리하느라 하루 종일 시간이 없었기 때문이다. 방해요소는 많고도 많다. 동료, 손님, 일정에 없던 미팅, 갈등, 전화 통화, 회의 등등.

사람이 지속적으로 방해를 받으면 이른바 톱날 효과가 나타난다. 아주 짧은 순간 업무 방해를 받아도 다시 일에 집중하기까지 준비하는 시간을 부가적으로 쏟게 된다. 이때 저하된 능률을 합산해보면 총 시간의 28%까지 상실될 수 있다. 절대적으로 중요한 업무(A업무)를 처리하기 위해서는 한 번에 45~60분간 방해를 받지 않고 일할 수 있어야 한다.

따라서 업무 현장에서 매일 '조용한 시간' 또는 '차단 시간'을 만들고, 그 시간에는 아무도 방해하지 못하게 하는 것이 좋다.

솔직히 우리는 언제나 통화 가능할 필요도 없고, 누군가 찾아와서 상의할 수 있는 상태에 있어야 할 필요도 없다. 결국 통화가 안 되면 메일을 보낼 것이고, 당신이 한 시간 동안 주변과 차단되었다 해도 회사는 정상적으로 돌아간다.

미팅이 잡혀 있거나 회의에 참석하면 그 시간 동안은 다른 용건의 방해를 받지 않는다. 그와 마찬가지로 당신 스스로 정해둔 '조용한 시간'을 미팅이나 회의처럼 중요한 일정, 더 나아가 일과 중 가장 중요한 일정으로 취급하자.

톱날 효과

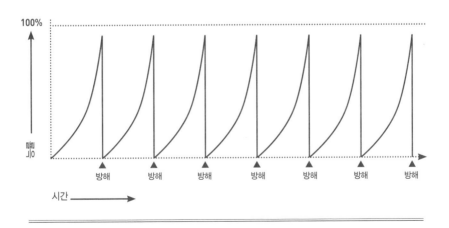

'조용한 시간'을 예약하는 법

미팅이나 회의처럼 중요한 일정을 처리할 때 당신은 자리를 비우거나 연락 불가능 상태에 있지 않던가. '조용한 시간'에 있어서도 그래야만 한다. (혼자 업무를 처리할 공간이 마련되면 더욱 좋다.)

→ 조용한 시간도 다른 미팅 일정처럼 'To do list'에 기입하라.
→ 당신을 시도 때도 없이 찾는 사람에게는 몇 시 이후에 업무 처리가 가능하다고 알리라.
→ 조용한 시간에는 메일, 메신저, 전화 등을 철저히 차단한다.

당신의 상태를 대신 알려줄 비서나 접수처가 있다면 그쪽에서 먼저 문의를 받게 한 뒤 나중에 응답한다. 도움 받을 사람 없이 혼자 모든 일을 처리해야 한다면 '부재중' 상태를 유지하고, 자리로 찾아온 동료나 호출하는 상사에게는 몇 시 이후에 처리하겠다고 응답하라. 지금 당장은 부당하게 느껴질지 모르지만 당신의 '중요한 업무를 처리할 조용한 시간'은 최소 하루에 한 번쯤 절대적인 상위에 놓여야 한다. 그럴수록 당신은 전체적인 일정 관리에서 효율을 높일 수 있다.

'방해 빈도 곡선'을 고려하자
조용한 시간을 계획할 때는 당연히 하루 일과 중에서 방해가 적은 시간을 고려하여 잡는 것이 좋다. 근무일을 기준으로 '시간 경과에 따른 방해 빈도'를 보면 상대적으로 조용한 아침 시간 이후에 오전 10시부터 정오까지 방해 횟수가 급격히 증가한다. 또한 정오부터는 방해 횟수가 감소하다가 오후 2시경부터 다시 증가하며, 4시부터는 점차 줄어든다. 이것이 전형적인 사무실에서 일어나는 방해의 정도이다.

방해 빈도 곡선

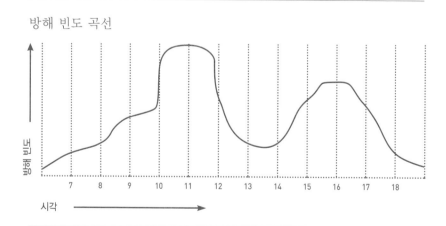

당신의 '방해 빈도 곡선'을 그려보자

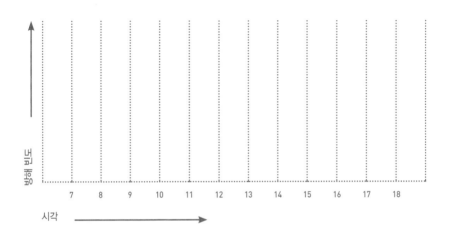

위 곡선을 고려하여 업무 순서를 정해보자.

→ 방해가 적은 시간대에 '조용한 시간' 일정을 잡고 가장 중요한 업무(A업무)를 처리한다.
→ 방해가 많은 시간대에 빈번한 업무 중단을 예상하며 덜 중요한 일을(C업무) 처리한다.

고도의 집중을 요하는, 복잡하고 부담스러운 과제는 조용한 시간에 상대적으로 수월하게 해결할 수 있다. 같은 일을 방해가 많은 시간대에 하려고 하면 두세 배의 추가 에너지 투입이 요구된다.
조용한 시간을 잡기에 이상적인 시간은 이른 오전이다. 30분에서 1시간 정도, 다른 사람보다 일찍 출근하는 것은 그래서 좋은 것이다. 모두가 활동하며 번잡스러워지기 전에, 그래서 수많은 요구사항들이 밀려오기 전에 당신만의 고요 속으로 들어가라.

조용한 시간을 점심 먹은 직후로 잡는 것은 추천하지 않는다. 그때는 비교적 방해가 적을 수 있지만 바이오리듬(79~82쪽 참조)이 흔들리는 시간대이므로 까다로운 A업무를 위한 집중력과 에너지가 결여된 상태일 확률이 높다.

조용한 시간을 계획해보자

1. 나의 '방해 빈도 곡선'을 어떻게 고려할 것인가?

일정을 짤 때 '방해 빈도 곡선'을 최대한 고려하는 방법은 무엇일까?

---

2. 조용한 시간(방해받지 않는 시간)을 잡는다면 나에게 가장 좋은 시간은 언제인가?

---

3. 내가 A업무로 분류한 것들 중 어떤 것을 조용한 시간에 처리할 것인가?

---

4. 매일 한 시간씩 나를 위한 시간을 만들어내기 위해 오늘부터 어떤 노력을 기울일 것인가?

---

5. 나는 하루 일과 중 조용한 시간을 다음과 같이 설정한다.

시부터   시까지.

'아니오'로 한계를 그어라

정보는 시간을 가리지 않고 쏟아지며, 직장생활과 개인생활의 경계는 점점 더 흐려지고 있다. 그러나 사람은 24시간을 전부 사용할 수 없고 능률이 똑같을 수도 없다.

독일 여론조사 기관 엠니드Emnid의 설문조사 결과에 따르면 설문대상자의 81%가 어떤 요청을 받았을 때 나중에 후회할지언정 그 자리에서는 "네"라고 답한다고 한다.

"네"는 과대평가 되었다

왜 우리는 마음속으로 "아니오"라고 생각하면서도 "네"라고 할까? 거기에는 많은 이유가 있다. 그러는 게 편해서, 상사의 평가에 내한 두려움에서, 갈등을 피하고 싶어서, 잘못 판단해서, 기꺼이 도우려는 마음에서, 인정받고자 하는 욕구가 있어서 등등. 그런데 그 이유들은 개인적이고 순간적인 경우가 많기 때문에 근거를 밝힐 수 없다. 너무 많은 "네"는 당신에게 이득이 되지 않고 발전시켜 주지도 않는다.

워싱턴 대학교 교수와 연구원들이 실험을 통해 알아낸 결과가 있다. 유난히 남을 돕기 좋아하는 실험 참가자들이 타인에게 반드시 더 많이 사랑받거나 더 나은 평가를 받지 않는다는 사실이다. 심지어 반대의 경우도 많았다. 무작정 돕기만 하는 사람들은 '일을 잘 처리하는 사람' 대접을 받는 게 아니라 우습게 여겨진 것이다. 그러므로 "네"를 남발하는 것은 아주 단기간만 심적 부담을 덜어준다. 또한 다른 사람에게 끌려다니다 보면 장기적으로는 스스로를 해친다. 너무 많은 수락은 허약함을 암시한다.

"아니오"는 일정에 한계를 그어 자신의 시간을 더 많이 얻을 수 있는 효과적인 수단이다.

스마트한 "아니오" 전략

→ 자신과 타인이 가진 능력의 한계를 인정하라.

→ 요청받은 업무를 넘겨받고 싶은지 또는 하고 싶지 않은지 잠깐 시간을 갖고 판단하라.

→ 단어 선택에 주의하라. "아니오"는 예의바르게 전달되어야 한다.

→ 간단하고 분명하게 안 되는 이유를 밝힌다. 단순히 핑계나 변명처럼 들려서는 안 된다.

→ 상대방의 입장을 이해한다는 암시를 보내라. "당신이 스트레스를 받고 있다는 것을 충분히 이해합니다. 하지만 하필 지금은 내가 당신을 도울 수 없군요."

→ 도와줄 수 있다면 해결책을 제시하라. 예를 들어 "내일이라면 한 시간 정도를 낼 수 있어요." 또는 "아마 OOO 씨가 당신을 도와줄 수 있을 겁니다. 그런 주제에 전문가거든요."

> "'아니오'라는 말을 입 밖에 내놓을 수 있는 능력이 자유로 향하는 첫걸음이다."
> **니콜라 샹포르, 프랑스 작가**

TIP

계산해보자.

당신이 굳이 안 해도 되는 일 중 하고 싶지 않은 일을 하느라 하루에 몇 시간을 쓰고 있는가?

"아니오"라고 말한다는 것

1. 나는 어떤 상황에서 "아니오"라고 말하기가 어려운가?

2. 내가 그렇게 거절하기 어려워하는 이유는 무엇인가?

3. 내가 그럴 때 업무를 거절하면 어떻게 될까?

4. 단호하고 명백한 한계를 설정하기 위해 나는 오늘부터 무엇을 할 것인가?

'업무 분담'으로 한계를 그어라

당신이 관리자일 경우, 업무활동과 업무과제를 분담할 줄 아는 능력은 시간 획득, 성과, 경영을 위한 중요한 열쇠다. 분담의 유용성은 매우 뛰어나다. 왜냐하면 당신의 업무가 한층 더 효율적으로 진척되기 때문이다.

'업무 분담'을 실제 상황에 더 많이 적용하라!

❶ 새로운 업무마다 판단하라. 이 업무를 반드시 내가 수행해야 하는 것인가? 혹은 다른 사람이 잘 해낼 수(또는 훨씬 더 잘할 수) 있지 않은가?

❷ 당신의 업무 분야 중에서 중기 업무와 장기 업무들도 분담을 미리 고려하라. 그러면 팀원 또는 직원들에게 동기 부여 및 전문성을 촉진할 수 있다.

❸ 업무 상황과 수행자의 능력이 허용하는 한 날마다, 가능한 많이 업무를 위임하라.

❹ 당신의 직원뿐만 아니라 타부서 직원 그리고 내부 및 외부의 서비스 직원에게도 일을 분담시키자.

❺ 지원해주고 싶거나 더 많은 경험을 쌓아야 할 직원을 선택하라. 하지만 그때도 마찬가지로 수행할 능력과 의향이 있는 사람에게만 일을 넘기자.

❻ 업무를 넘길 때는 항상 그 업무에 요구되는 권한과 책임도 같이 넘겨줘야 한다.

❼ 당신이 업무를 완전히 위임하는 것. 그리고 업무 내용이 확실히 전달되도록 하는 것에 신경을 쓰자.

❽ 업무 분담의 결과를 체크하고 업무 수행자에게 동기 부여와 함께 최대한 건설적인 피드백을 주자.

❾ 목표 설정과 같은 전략적으로 중요한 업무는 타인에게 위임하지 않는다. 기밀 업무 또한 반드시 당신이 직접 처리한다.

CHECK LIST

'업무 분담'의 법칙

☐ 어떤 일이 수행되어야 하는가? (내용)

☐ 누가 일을 수행해야 하는가? (사람)

☐ 왜 그 사람이 일을 해야 하는가? (동기 부여, 목적)

☐ 그 사람은 일을 어디까지, 어떤 방식으로 처리해야 하는가? (업무 범위, 방법)

☐ 언제 완료되어야 하는가? (일정)

업무 분담에 대한 당신의 견해 정리

업무 분담의 효용성에 대한 내용 중 동의하는 것에 체크해보자.

☐ 업무 분담은 나의 부담을 덜고 중요한 업무를(예컨대 관리자로서의 경영 업무) 위한 시간을 버는 데 도움이 된다.

☐ 업무 분담은 업무 관련 직원의 전문지식과 경험을 최대로 활용하는 데 도움이 된다.

☐ 업무 분담은 직원들의 전문지식, 자립성, 진취성, 능력을 장려하고 발전시키는 데 도움이 된다.

☐ 업무 분담은 직원들의 성취동기 부여 및 작업 만족도에 긍정적인 효과를 줄 때가 많다.

이 중 대부분에 체크했는가? 그렇다면 다음의 주장들도 찬성할 것이다.

업무 분담은 지도급 상사와 직원들에게 똑같은 장점을 제공한다.

→ 자신이 갖고 있는 부담 경감.
→ 중요한 A업무를 위한 시간 획득.
→ 발전하고자 하는 직원들의 기회(동기 부여).

직원들은 업무 분담이 제대로 전달되면, 다시 말해 업무과제 전달 및 권한 그리고 책임을 전부 위임받으면 보통 대단히 긍정적인 반응을 보인다.

이때 효과적인 업무 분담은 다음의 두 가지 사항을 전제한다.

→ 분담 받으려는 자발성(의지)
→ 그 일을 할 수 있는 능력

> "나는 다음과 같은 원칙에 따라 일한다.
> '다른 사람이 대신 처리할 수 있는 일은
> 절대로 직접 처리하지 않는다.'"
> **존 록펠러, 미국의 사업가**

효율적으로 업무를 분담하지 않는 사람은 효율적인 시간관리도 할 수 없다. 이것은 철저히 당신에게 달린 문제이다. 지금보다 더 많은 업무를 분담하려는 데 장애가 되는 것은 무엇인가?

업무관리 체크 리스트

효과적인 업무 분담은 우수한 업무 조직을 요한다.
'업무관리 체크 리스트'를 활용해 업무 분담을 계획하고 자신이 처리할 일과 분담한 일의 일정을 관리하자.

5월의 일정

날짜	우선순위			업무 리스트	소요 시간	처리할 사람	시작일	완료일	OK ✓
	A	B	C						
	×			광고 콘셉트 결정	1.0	직접		5/30	
		×		기획 컨퍼런스 준비		하 대리	5/5	5/20	
		×		강연 준비		교육팀		5/18	
		×		'손실 시간' 검사 결과 보고	0.5	직접		5/10	
			×	프로젝트 팀 소집		김 과장		5/16	
			×	보도자료 준비	2.0	직접		5/30	
			×	BMW 공장 견학 계획 잡기		박 대리		5/28	
			×	남부 지사 판매 보고서 작성		이 차장		5/21	
			×	세미나 계획서 제출	0.5	직접		5/30	

이제 위 예시를 참고하여 다음 페이지에 나오는 당신의 다음 달 'To do list'를 작성하라.

나의 업무관리 체크 리스트

월의 일정

날짜	우선순위			업무 리스트	소요 시간	처리할 사람	시작일	완료일	OK ✓
	A	B	C						

'아이젠하워 법칙'을 따르라

효과적인 업무 분담을 위해 간단하고 유용한 팁이 있다. 미국의 34대 대통령 드와이트 D. 아이젠하워가 사용한 결정패턴을 형성하는 법칙이다. 이 법칙은 특히 어떤 업무를 우선순위를 두느냐를 빨리 결정해야 할 때 대단히 쓸모가 있다. 우선순위는 기본적인 두 가지 기준을 고려해 설정한다.

→ 중요성
→ 긴급성

분명한 우선순위 설정하기
유감스럽게도 우리 사회의 '긴급함'은 광기에 가깝다. 모든 사람들이 모든 일을 즉시 처리하기를 바란다. 또한 급한 일은 모두 제일 먼저 처리하려고 든다. 문제는 급한 일들 중 중요하지 않은 것들이 있고, 중요한 일들 중 급하지 않은 것들이 많다는 사실이다. 긴급성이 주는 압박에 휘둘리지 말고 당신의 목표 달성에 도움이 되는 우선순위를 분명하게 설정하자.
'매우 중요, 보통, 중요하지 않음' 또는 '업무의 긴급성'에 따라 네 가지 순위 및 그다음 업무 처리 가능성을 구분한다.

→ 긴급하면서 중요한 업무들은 당신이 직접 처리해야 한다. 그리고 즉시 시작해야 한다. (A업무)
→ 중요도는 높지만 아직 아주 급하지 않은 일은 다음 순서에 대기할 수 있다. 하지만 계획에 포함되어 있어야 한다. 다시 말해 일정을 잡아두거나 업무 분담을 고려한다. (B업무)

→ 별로 중요하지 않지만 급한 일은 위임하거나 낮은 우선순위로 처리한다. (C업무)
→ 긴급하지도 중요하지도 않은 업무는 포기할 줄도 알아야 한다. (쓰레기통)

TIP

우리의 친구 쓰레기통

좀 더 위험을 무릅쓰고 좀 더 자주 쓰레기통을 이용하라. 쓰레기통은 사람들의 가장 좋은 친구다. 어떤 업무들은 그냥 내버려두면 스스로 사라지기도 한다.

업무 분담을 점검해보자

1. 내가 업무를 더 많이 분담하는 데 지금까지 방해가 되어온 것은 무엇인가?

2. 나의 업무 중 어떤 것을 직원에게 임시적으로, 또는 장기적으로 넘겨줄 수 있는가?

3. 나는 위임한 업무를 어떻게 정기적으로 관리할 것인가?

4. 내 업무 리스트 중 가능한 것들을 즉시 더 많이 넘겨주기 위해 오늘부터 나는 무엇을 할 것인가?

업무 1

시간 소요량 :　　　　　　　위임받은 직원 :

업무 2

시간 소요량 :　　　　　　　위임받은 직원 :

업무 3

시간 소요량 :　　　　　　　위임받은 직원 :

"시간은 마치
놀면서 하루를 보내는 고양이와 같다.
갖은 아양을 떨며 달라붙어 있다가
우유 한 접시처럼 하루를
쓱 핥아먹어 버린다."

_헨리 포드, 미국의 기업가

- 모노태스킹: 한 가지 일에 몰입하는 버릇을 들이면 집중을 위한 준비시간이 줄어든다. 여기서 평균 40%의 시간이 절약된다!

- "아니오"는 한계를 긋고 자신의 시간을 더 많이 얻을 수 있는 효과적인 수단이다.

- 업무 활동과 과제를 분담할 줄 아는 능력은 시간 획득, 성과, 경영을 위한 중요한 열쇠다.

'새로운 습관이 가져다주는 치유의 시간'

STEP **4** _ 시간관리 솔루션(2)

당신의 '성취능력 리듬'을 이용하라

아래의 그래프를 보면 일반적인 성취능력 리듬을 알 수 있다. 약간의 개인 차이가 있기는 하지만 몇 가지 변하지 않는 사실이 존재한다.

→ 성취능력(혹은 집중력)의 절정은 오전에 있다. 하루를 통틀어 이 성취능력 수준에 또다시 오를 수 없다.

→ 점심을 먹고 얼마 뒤에는 모두가 잘 알고 있는 오후의 침체 속으로 들어간다. 어떤 이들은 진한 커피를 마시며 나른함과 싸우지만 그 시간 동안에는 별 다른 효과를 보지 못한다.

→ 이른 저녁 즈음 성취능력은 얼미간 상승한다. 그러나 두어 시간 뒤부터는 계속해서 떨어진다. 자정을 넘겨 몇 시간 뒤에는 절대적인 최저점에 다다른다.

우리는 모두 자신만의 성취능력 변동과 더불어 살아간다. 중요한 것은 당신의 하루 리듬을 자각함으로써 성취능력이 가장 높은 시간대에 까다롭고 중요한 A업무를 처리하는 것이다. 집중력이 바닥인 시간대에 생물학적 리듬을 거스르며 일하는 것은 어리석은 짓이다. 그러는 대신, 성취능력이 떨어진 시간에는 긴장을 풀고 인간관계나 반복되는 일상 속 C업무를 처리하는 데 활용하자. 오후 늦게 성취능력이 다시 오를 때에는 2순위로 중요한 B업무에 다시 집중한다.

생물학적 연구에 따르면, 사람들이 각자 다르게 가지고 있는 내면의 시계가 체내의 생명 유지 과정들을 조절함으로써 건강을 유지하게 한다고 한다. 즉, 이 리듬을 오랫동안 거스르며 살면 몸과 마음의 건강을 해치게 된다.

평균적인 성취능력 리듬

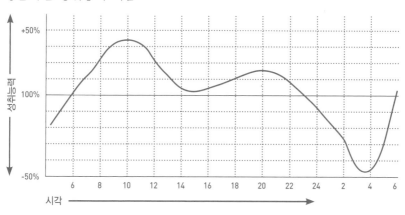

사람들은 보통 두 가지 유형으로 분류된다.

→ **아침형(M):** 아침형 사람들은 일찍 일어나는 편이며, 알람시계 없이 일어나는 경우도 있다. 이들은 낮에 활동적이다. 저녁 무렵부터 성취능력 리듬이 떨어지기 때문에 일찍 잠자리에 드는 것을 좋아한다.

→ **저녁형(A):** 저녁형 사람들은 아침에 일어나는 것이 몹시 힘들다. 일어난 뒤에도 제정신이 들기까지 얼마간 시간이 필요하다. 당연히 이들은 밤에 활동적이고, 늦은 시각에도 여전히 성취능력이 있다.

나의 내면 시계는 어떻게 돌아가고 있을까?

며칠간 당신의 생활습관을 관찰한 뒤 다음 질문들에 답하라.

당신은 몇 시에 가장 잘 일어나는가?
AM 5:00~8:00 사이 ☐ **M**　　　AM 8:00 이후 ☐ **A**

알람시계가 울리자마자 곧바로 정신이 드는가?
네 ☐ **M**　　　　　　　아니오 ☐ **A**

풍성한 아침식사를 중요하게 생각하는가?
네 ☐ **M**　　　　　　　아니오 ☐ **A**

어려운 업무가 유난히 술술 진척되는 때는 언제인가?
이른 아침 ☐ **M**　　　　늦은 오후 ☐ **A**

저녁에 보통 몇 시쯤 피곤해지는가?
23:00 이전 ☐ **M**　　　　23:00 이후 ☐ **A**

당신의 내면 시계가 어떻게 돌아가는지 알면 일정을 거기에 맞춰 관리할 수 있다. M의 수가 많으면 아침형, A의 수가 많으면 저녁형 리듬을 지니고 있는 것이다.

M ....　　A ....

당신의 '성취능력 곡선'을 그려보자

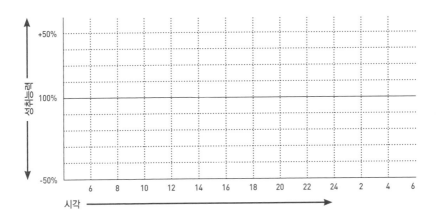

너무 장시간 일에 몰두하는 것은 큰 소득이 없다. 집중력과 성취능력이 떨어지고 실수가 생겨나기 때문이다. 당신만의 리듬에 맞게 생활하면서, 휴식하는 일 또한 규칙적으로 행해야만 한다. 휴식을 시간 낭비로 여기지 말고 에너지 충전과 회복의 시간이라고 생각하자.

생산성은 증가한다
성취능력 리듬을 고려하여 인체의 자연 법칙을 이용해 시간관리를 하면 생산성을 월등히 높일 수 있다.

나의 '바이오리듬' 살펴보기

1. 나의 바이오리듬과 실제 생활리듬이 어떤 영역에서 서로 엇갈리고 있는가?

2. 내 바이오리듬에 일정을 더 잘 맞출 수 있는 구체적인 방안은?

3. 잠깐의 휴식을 통한 재생효과를 어떻게 활용할 것인가?

4. 나의 성취능력 리듬을 더 잘 활용하기 위해 나는 오늘부터 무엇을 조절할 것인가?

똑똑한 '치유의 시간' 갖기

바쁘게 살던 사람들은 쉬는 시간을 초조해한다. 게으르게 시간 낭비를 하고 있다는 생각 때문이다. 하지만 이제는 '휴식'의 악명을 벗길 차례다. 휴식한다는 것은 우리가 알고 있는 것보다 훨씬 가치 있는 시간 활용법이다. 직장에서 틈틈이 쉬어주는 것은 스트레스를 없애고 에너지를 충전하기에 가장 효과적인 방법이다. 따라서 휴식은 업무성취도를 높여준다. 원기를 회복한 상태에서 더 집중적이고 더 정확하고 더 효율적으로 일할 수 있기 때문이다. 오늘부터는 언제, 몇 번의 짧은 휴식을 가질지 스스로 정해두자.

휴식을 위한 최선의 전략

→ 일주일 전체 계획을 짜는 시간에 미리 휴식시간을 배정해 일정표에 삽입하라. 색칠로 표시해두어 잊어버리지 않도록 하는 게 가장 좋다.

→ 휴식하는 동안에는 전화 통화나 인터넷 서핑을 하지 않는다. 그 시간에 평온과 무위를 즐기라.

→ 적어도 하루에 한 번 산책한다. 그럼으로써 뇌에 신선한 산소를 공급하고 명료한 생각을 할 수 있다.

→ 긴 휴식 시간 한 번보다 짧은 휴식 시간을 여러 번 취하는 게 더 효과적이다. 당신에게 적합한 휴식 리듬을 알아내라. 평균 90분 정도의 집중 가능 시간이 지나면 몇 분간 쉬도록 한다.

- 열린 창가에서 기지개를 몇 번 켠다.
- 눈을 감고 숨을 깊게 들이쉬었다 내쉬기를 몇 차례 반복한다.
- 차 마시는 곳에 가서 찬물 한 컵을 마시거나
- 자리에서 일어나 좀 돌아다닌다.

→ 생물학적 리듬으로 인해 성취능력이 바닥에 이르렀을 때는 보다 긴 휴식을 취하는 것이 좋다. 예를 들어 점심식사 직후 잠이 쏟아지면 쉬어가자.

→ 일주일에 최소 한 번씩 휴일을 둔다. 휴일에는 프로젝트 작업을 진행하지 않고 관련 전화가 와도 받지 않는다. 그날은 완전히 당신과 당신이 사랑하는 사람들, 그리고 당신의 취미 활동을 위한 것이다.

→ 1년에 적어도 한 번은 일상을 완전히 잊을 수 있는 휴가를 가져라.

TIP ═══════════

낮잠의 힘

수많은 연구들에서 입증된 바에 의하면, 15분 정도 살짝 눈을 붙이는 것만으로도 스트레스 지수는 낮아지고, 성취능력이 향상된다.
휴식할 수 있는 공간은 그래서 중요하다.

나는 제대로 휴식할 줄 아는 사람인가?

당신에게 휴식을 취하거나 그냥 아무것도 하지 않는 것이 쉬운 일인지 어려운 일인지 다음의 짧은 테스트를 통해 알아낼 수 있다. 해당하는 답변에 체크해보자.

시간 추정 테스트 시계를 한 번 보고 나서 눈을 감자. 그러고는 1분이 지났다는 생각이 들 때 눈을 떠보라. 실제로는 시간이 얼마나 흘렀는가?
A 60초가 채 지나지 않았다　　**B** 정확히 60초　　**C** 60초를 이미 지났다

긴장이완도 테스트 '아무것도 생각하지 말아야지' 하고 다짐하고는 눈을 천천히 감는다. 이때 제일 먼저 떠오르는 것은 무엇인가?
A 산더미 같은 일　　　**B** 가족　　**C** 바닷가, 해가 지는 풍경, 숲속 산책길 등

여가 능력 테스트 내일부터 3일간 여유롭게 아무것도 하지 않는 시간을 갖는다고 상상해보자. 대신 TV, 컴퓨터, 휴대폰, 책이 없다. 그저 긴장을 풀고 산책하고 사색에 빠지기만 하면 된다. 이런 상황에서 당신은 언제 지루해질까?
A 당장　　　　　**B** 1시간 뒤　　**C** 하루가 지난 뒤 혹은 그 이후

감속화 능력 테스트 몇 분간 의식적으로 모든 행동을 천천히 해보라. 음식을 먹거나 물을 마실 때는 35번씩 씹은 뒤 넘기고, 할 일 없는 사람처럼 어슬렁어슬렁 걸어가고, 신문이나 책은 한 줄을 두 번씩 읽는 거다. 당신은 이런 행동을 얼마나 오래 참을 수 있는가?
A 몇 초　　**B** 1분이면 족하다　**C** 3분에서 5분까지

이제 당신이 A, B, C 항목에 체크한 수를 합산한다. 가장 많이 체크된 알파벳은 무엇인가?
A ☐　　　　　**B** ☐　　　　　**C** ☐

A 더 이상 이렇게 살지 말자. 당신은 어느새 휴식과 멀어진 삶을 살고 있다. 그러나 당신의 마음과 몸은 치유의 시간을 간절히 원하고 있다는 사실을 명심하라. 휴식은 인간에게 꼭 필요한 생존요소이다.
B 당신은 휴식의 가치에 대해 인지하고 있다. 하지만 매일매일 잠깐이라도 쉬는 시간을 가져야 한다는 것을 자주 잊어버린다. 하루 계획을 세울 때 반드시 휴식 시간을 잡아두자.
C 당신은 이미 휴식 전문가의 길에 들어서 있다. 하던 대로 계속하기를.

당신의 시간은 스스로 '통제하라'

시간관리를 통해 나만의 느슨한 시간을 얻었는가? 그렇다면 그 시간에는 무엇을 할 것인가? '일을 더 많이 하겠다, 성과를 더 내겠다'는 대답은 넣어둬라. 세상이 점점 빨리 돌아갈지라도 제대로 시간관리를 할 줄 아는 사람들은 눈앞에서 잠시 빛나는 것들에 현혹되지 않는다. 오로지 자신이 생각한 대로 삶을 구상하고 스스로 시간 분배를 결정할 따름이다.

두덴 독일어 사전에서는 '자발적 결정$^{Selbstbestim-mung}$'이라는 단어를 "타인의 모든 결정에 대한 개인의 사주^{使嗾}"라고 정의한다. 그리고 그에 대한 유사어로 자립, 자기책임, 주권, 독립 등의 개념을 들고 있다. 스스로 결정하는 사람은 자신의 건강과 행복을 중요시하는 동시에 주변 사람들의 욕구도 고려한다.

자발적 결정의 원칙
→ 자신의 의지대로 판단하여 결정한 현실적인 목표를 추구하고, 그것을 일관성 있게 실행한다.
→ 당신은 최선을 다한다. 자신의 능력과 소질을 알고 그것을 신뢰하기 때문이다.
→ 우선순위를 정하고 중요한 일은 직접 행한다. 중요치 않은 일은 위임하거나 취소한다.
→ 당신은 결정을 신중하게 내리며, 가능한 결과를 먼저 염두에 두고 임한다.
→ 스스로가 행위의 척도다. 자신이 행한 일에 대해 언제든지 책임진다.
→ 당신은 강요당하지 않고, 업무를 스스로 옳고 좋다고 느끼는 방향과 속도로 차례차례 진행한다.

→ 당신은 자신과 타인의 실수를 인정한다. 왜냐하면 실수로부터 배울 수 있다는 것을 알기 때문이다.
→ 당신은 자신에게 좋은 게 무엇인지 안다. 그리고 개인의 행복을 위한 즐거움과 기쁨을 배려한다.
→ 당신은 자신이 가진 에너지와 충전을 위해 규칙적으로 휴식과 휴가를 갖는다.

> "자신의 능력에 대해 고민해보지 않는 사람은 결코 생각이란 걸 할 줄 모른다."
> **오스카 와일드, 아일랜드 작가**

자신이 스스로 생각하고 행동하는 것은 하루아침에 갑자기 할 수 있는 것이 아니라 서서히 이루어지는 배움의 과정이다. 당신의 현재 생활습관에 돌이켜보고 그 습관이 왜 생겨났는지 하나하나 배경을 찬찬히 생각해보라. 그리고 스스로 책임지는 적극적인 생활 방식을 찾기 위해 시간을 들여라!

자발적 결정을 더 잘하려면…

1. 내가 스스로 일정을 계획하는 데 누가/무엇이 방해를 하는가?

2. 왜 나는 타인에 의해 강제 당하는가? 혹은 언제 무엇을 하도록 지시를 받는가?

3. 그 문제에 있어서 내가 주도권을 잡는다면 어떤 일이 벌어지겠는가?

4. 내 자신이 결정할 수 있다면 나는 무엇을 바꿀 것인가?

5. 자발적 결정의 원칙을 일관성 있게 적용하기 위해 나는 오늘부터 무엇을 할 것인가?

하루의 시작과 끝은 '긍정적으로!'

숙면을 충분히 취하지 못한다. 분주하고 바쁘다. 아침식사를 먹는 둥 마는 둥 하고 회사로 서둘러 간다. 언제나 거의 똑같은 패턴이다. 이런 스타트로는 자칫 하루가 엉망이 될 수 있다. 중요하고 긴급한 업무를 행하면서도 나날의 즐거움을 잃지 않기 위해서는 항상 긍정적인 측면에 초점을 맞추고 날마다 이어지는 행복습관을 들여야 한다.

다음과 같은 아침 시간을 자신에게 베풀라

→ 느긋하게 일어나기 (긴장 완화, 명상)

→ 운동하기 (조깅, 체조)

→ 맛있는 아침식사 하기

→ 서두르지 않고 차분하게 출근하기

→ 체계화된 일정 계획으로 근무 시작하기

매일 긍정적인 것을 얻으려 시도하라. 주변에 대한 당신의 기본적인 마인드, 즉 주어진 업무에 임하는 태도와 방식이 성공과 실패에 결정적인 몫을 차지한다. 성공학 관련 저자들은 모두 이구동성으로 이 부분을 이야기한다. 성공은 개인의 견해, 생각, 느낌, 기분에 따라 매우 강하게 좌지우지된다. 그리고 긍정적 사고와 행동에 의해 그에 상응하는 영향을 받을 수 있다.

따라서 일에 뛰어들기 전에 차분하고 평온한 상태에서 하루의 목표를 세우자.

→ 목표에 따라 설계된 당신의 일정을 중요도와 긴급함을 고려하여 다시 한 번 살펴본다.

→ 그날 주요 업무(A업무)를 위해 필요한 업무 준비를 마치고 관련 서류도 미리 준비한다.

→ 몇 시쯤 잠시 휴식을 가질지, 점심 직후 휴식은 어떻게 할지 체크한다.

CHECK LIST

긍정적 사고와 행동

좋지 않은 하루의 출발을 긍정적 상황으로 바꾸기 위해 당신을 무엇을 할 수 있는가?

숙면을 충분히 취하지 못함

아침을 먹지 못함

허둥지둥 서두름

짜증

스트레스

실패

벌써부터 지침

또한 직장에서 서둘러 집에 돌아오기 전에 아주 차분하게 하루를 마감하고 마음속으로 귀갓길, 저녁식사, 여가시간을 생각한다. 아래와 같이 한다.

→ 목표달성을 고려하며 일정과 업무 할당량이 적절한지 비교해 보아야 한다.

→ 어떤 업무를 완결하지 못했고, 다음 날로 미루어야 하는지 검사한다.

→ 하루 내내 미뤄두었던 잡다한 모든 일들을(예를 들어 이메일 읽기와 전화 연락하기) 집으로 향하기 전에 마칠 수 있도록 시도한다. 당신이 오늘 미룬 일을 다음 날 반드시 처리해야 하는 경우, 자칫 잘못하면 모두 추가 업무량이 된다.

→ 다음 날을 위한 일정을 세운다. 그렇게 해서 저녁시간, 특히 자기 전에 '내일은 어떤 일이 왕창 닥칠까' 하는 불안한 생각을 하지 않을 수 있다.

→ 내일 있을 가장 중요한 프로젝트는 미리 서류나 파일 등을 챙겨둔다.

"당신의 행복은
'당신이 어떤 생각을 하느냐'에 달려 있다."
마르쿠스 아우렐리우스, 철학자이자 로마제국의 황제

TIP

매일 갖는 '약간의 행복'

새로운 내일에 대한 긍정적 생각을 가지기 위해 당신이 매일 조금씩 할 수 있는 일들.

• 당신이 모든 걸 제쳐놓고라도 하고 싶은 즐거운 일 찾기
• 개인적인 목표에 가까이 다가간다고 느낄 수 있는 일 하기
• 업무와는 전혀 관계가 없는 것(스포츠, 가족과의 시간, 취미 등) 즐기기

삶을 긍정적으로 살아간다는 뜻에서 오늘이 당신의 인생에 어떤 가치를 가지는지 생각해보자.

→ 오늘 당신이 달성한 일은 무엇인가?

→ 어떤 사람들이 당신의 하루를 풍부하게 했는가?

→ 어떤 일에 당신이 특히 행복했는가?

→ 당신은 무엇에 감사하는가?

긍정적 분위기 속에서 하루를 마감하라. 예를 들어 당신이 저녁에 하고 싶은 일이 무엇인지 진지하게 생각해보자. 너무 많은 사람들이 자기 자신과 타인에게 어떤 즐거움을 줄지, 어떻게 하면 편안한 휴식 시간(파트너, 가족, 아이들, 극장, 콘서트, 좋은 책, 좋은 음식, 친구, 외출, 스포츠, 명상 등등)을 마련할 수 있을지 한 번도 생각하지 않은 채 직장에서 집으로 돌아와 버린다.

삶에 대한 긍정적 견해 갖기

1. 하루를 긍정적인 마음으로 시작하기 위해 오늘부터 나는 무엇을 할 것인가?

2. 하루의 작은 하이라이트로 기분 좋게 근무를 마치기 위해 오늘부터 나는 무엇을 할 것인가?

3. 저녁 때 가질 수 있는 편안한 시간을 위해 오늘부터 나는 무엇을 할 것인가?

4. 하루를 긍정적으로 마감하기 위해 오늘부터 나는 무엇을 할 것인가?

일관성을 유지하는 법

내일의 업무 계획을 전날 근무의 끝 무렵에 미리 글로 작성해두는 습관을 들이자. 내일의 일과를 눈으로 볼 수 있게 써두는 것이다. 다음 날 처리할 주요 업무가 무엇인지 고려하고 진행되어야 하는 시간대를 기록해둔다.

→ 심리적 배경: 퇴근하고 집으로 가는 길, 그리고 다음 날 아침 사무실에 가는 도중에도 이미 당신의 무의식은 이 업무에 대한 해결책을 준비해 놓는다.

→ 당신은 이제 주요 업무를 분명하게 보고, 배후에 존재하는 해결의 실마리를 찾아낸다. 때문에 업무가 몰아닥쳐도 더 이상 예전처럼 흐릿하고 짐스러운 하루가 아니라 투명하고 계획가능하고 구체화할 수 있는 하루를 보낼 수 있다.

→ 그러면 이제 당신은 예전처럼 걸핏하면 부수적인 일에 한눈을 팔지 않게 된다. 지금까지 당신은 부수적인 업무를 한다는 핑계로 주요 업무를 미루고 미루다가 결국 촉박한 시간에 쫓기면서 초과근무를 했을지도 모른다. 그러나 대부분 충분히 만족스럽지 않은 상태로 마무리되었을 것이다.

다시 한 번 강조한다! 당신이 일정과 우선순위를 글로 작성하면 일관성을 유지하게 된다. 일정 노트 기록을 시작하는 일은 약간의 결심과 자제심을 필요로 한다. 하지만 그럴 만한 가치가 있다. 목표에 대한 계획은 당신 스스로 목표 달성을 위해 노력하게 할 뿐 아니라 주변 사람들의 지원도 이끌어낸다. 정해둔 목표, 일정, 할 일을 타인에게도 널리 알리자. 때로는 외부에서 가해지는 관심이나 관리가 자신의 의지보다 강력하게 작용한다.

> "환경과 더불어 변화할 줄 아는 사람이
> 일관성 있는 것이다."
> **윈스턴 처칠, 영국 정치가**

TIP

스트레스의 비밀

업무가 많은 하루는 결코 스트레스와 직결되는 것이 아니다. 오히려 그 반대로 어려운 업무를 잘 처리해내면 만족과 위안을 얻게 된다.

스트레스는 처리한 일들이 아니라 해결하지 못한 일들에서 발생한다. 끝내지 못한 일들은 우리를 좀먹고 있다. 양심의 가책 같은 '선하다'고 느껴지는 감정도 우리에겐 스트레스다.

'새로운 습관'을 길들여라

하룻밤 사이 갑자기 시간관리 전문가가 될 수는 없다. 타이밍을 조절하고 일정을 완벽하게 조직하는 일에는 얼마간 연습이 필요하다. 사람은 습관의 동물이기 때문이다. 자신이 가진 기존 습관에서 벗어나려는 사람은 새로운 행동방식이 뇌속에 먼저 박혀야 한다. 오늘날 학자들은 학습과 적응이 적어도 21일에서 30일까지 걸린다는 사실을 밝혀냈다.

중요한 것은 당신이 얼마나 빨리 옛 습관을 떨쳐내느냐가 아니라 계속 새로운 습관을 기억하고 포기하지 않는 것이다. 어떤 행동방식은 보다 많은 시간을 요한다. 지나치게 무질서한 일상을 보냈던 사람은 상대적으로 조금이라도 계획을 짜보고 실패했던 사람보다 훨씬 더 많은 시간이 걸린다.

변화를 위한 단계

→ 당신이 앞으로 없애려는 시간도둑들의 리스트를 만든다.

→ 당신이 서서히 없애려는 습관을 간단한 문서로 만들어 실행의 의무감을 가진다.

→ 당신이 바꾸려는 것을 긍정문으로 쓰라. 무의식은 부정형을 이해하지 못한다. 예를 들어 "나는 더 이상 무절제하게 행동하지 않겠다"가 아니라 "나는 지금부터 절제된 행동을 하겠다"라고 기록한다.

→ 나쁜 습관 대신 긍정적이고 새로운 습관을 심는다. 그럼으로써 당신은 옛 습관에 다시 빠지는 것을 방지하고 방향을 잡을 수 있다.

→ 생활방식을 바꾼 뒤 당신이 갖게 되는 것들을 상상해보라. 생생할수록 좋다. 상상 속에서 강한 동기 부여를 얻자.

→ 당신에게 정말로 중요한 변화 한 가지에만 집중한다. 한꺼번에 너무 많이 이루려는 사람은 아무것도 바꾸지 못할 위험이 따른다. 변화는 한 곳에 초점을 둬야만 현실이 된다.

→ 당신이 얻은 시간을 아름다운 일에 활용한다. 온전한 휴식, 무위의 시간, 혼자 또는 가족, 친구들과 함께…. 그것이 삶의 질을 높인다!

> "습관은 밧줄이다.
> 우리는 매일 한 가닥씩 꼬지만,
> 나중에는 더 이상 끊어낼 수 없다."
> **토마스 만, 독일 작가**

방해가 되는 습관 찾아내기

1. 어떤 시간도둑이 내 업무의 일상을 방해하는가?

_____

_____

_____

_____

2. 나는 어떤 습관들로(무의식적으로) 시간도둑을 살찌우는가?

_____

_____

_____

_____

3. 쓸모없는 습관을 어떻게 하면 도움이 되는 새로운 습관으로 바꿀 수 있는가?

_____

_____

_____

_____

4. 시간도둑을 내몰기 위해 오늘부터 나는 무엇을 할 것인가?

_____

_____

_____

_____

_____

"사람은 단 한 번 산다.
하지만 제대로 살면
한 번으로 족하다."

_조 E. 루이스, 미국 가수이자 코미디언

- 휴식을 시간낭비로 치부하지 말고 '치유와 에너지 충전을 주는 시간'으로 여기자. 당신은 원기를 회복한 상태에서 더 집중적이고 더 정확하고 더 효율적으로 일할 수 있기 때문이다.

- 주변에 대한 당신의 기본적인 마인드, 그리고 주어진 업무에 임하는 태도와 방식이 성공과 실패에 결정적인 몫을 차지한다.

- 스트레스는 처리한 일들 때문에 생기는 것이 아니라 해결하지 못한 일들에서 생긴다.

'시간관리' 계획하기

시간관리를 꾸준히 개선하기 위해 당장 어떤 것을 실행할 것인가?
우선순위 결정하기, 나만의 시간 예약하기, 휴식 시간 고려하기 등 이 책에서 습득한 것을 응용하여
당신의 목표를 가능한 디테일하게 세우자. 그리고 각각의 목표에 현실적이고 강제성 있는 날짜를 기
록한다.

해야 할 일	우선순위			무엇을? (생각, 방법, 주제 등)	완료일	관리 OK ✓
	A	B	C			

독일 사람들의 시간관리법

발행일 | 초판 1쇄 2016년 3월 7일
개정판 1쇄 2023년 1월 30일

지은이 | 로타르 J. 자이베르트
번역 | 송소민

발행인 | 박장희
부문 대표 | 정철근
제작 총괄 | 이정아
편집장 | 조한별

디자인 | 정해진(www.onmypaper.com)

발행처 | 중앙일보에스(주)
주소 | (03909) 서울시 마포구 상암산로 48-6
등록 | 2008년 1월 25일 제2014-000178호
문의 | jbooks@joongang.co.kr
홈페이지 | jbooks.joins.com
인스타그램 | @j__books

© 2014 GRÄFE UND UNZER VERLAG GmbH, München

ISBN 978-89-278-7963-3 03320